서림미담

書林美談

책 속에 담은 아름답고 참된 말씀

서림미담

남장 지음

書林美談

밑줄을 그어가면서 마음 속에 새겨둘 글숲의 아름다운 이야기

숙세의 인연이랄까?

어린 나이에 나는 내가 부처님을 선택한 것이 아니라 부처님께 이미 선택되어져 있었다. 그러한 연유로 오늘에 이르기까지 나의 삶은 다른 데를 쳐다볼 여유도 없이 오직 한 길, 사문의 길로만 정진해 왔다.

고등학교 시절 철이 들 무렵, 내게서 아마도 세속적 출세에 대한 욕망이 보였던지 노스님께서는 출가 사문으로 살려면 "이 세상에 한 번 안 태어난 셈 치고 살아야 된다."는 말씀을 가슴 속에 주문처럼 각인시켜 주셨다.

출가 사문의 길이 그만큼 어렵고 큰 각오가 없으면 안 된다는 뜻으로 나는 받아들였다. 청정율사셨던 노스님의 향기에 나도 그 뒤를 따르고자 원을 세웠지만 부처님께서는 나에게 특별한 사명을 주신 것 같다.

지금의 나는 군복을 입은 특수한 신분으로 대한민국의 군이라는 테두리 속에서 군 장병들과 함께 부처님 법을 닦으며 살아온 지 어언 사분세기가 지났으니 말이다. 1988년 군문에 들어온 이래 지금까지, 산중에서 청정한 수행자를 꿈꿨던 나는 의외의 길에서 장병 포교라는 명분하에 그 동안 수많은 법문을 숙명처럼 설해야만 했다.

하지만 부끄럽게도 뒤돌아 보면, 부처님께서 49년 장광설을 하셨지만 한마디도 설한 바 없다고 하셨듯 실제로 내가 설한 법문은 한마디도 없다. 그만큼 내놓을 만한 법문이 없다는 뜻이다.

그럼에도 불구하고 제1야전군 사령부 법웅사에서 인연 지었던 불자 법우들의 간곡한 요청을 물리치지 못하고 그동안 설했던 법문들 중 졸고를 추려내어 법문집으로 내 놓게 되었으니 부끄러운 소회를 옛 선사들의 말씀을 빌어 대신하고자 한다.

개구이착(開口已錯) 판치생모(板齒生毛)
입을 열면 이미 그릇됨이요, 판때기 이빨에 털 난 격이다.
감히 입을 열어 이미 그릇되었으니 나는 비난 받아도 싸다.

수본진심(守本眞心) 보개회향(普皆廻向)
다만 참 마음만은 지켜서 널리 회향코저 하오니, 그저 그뿐!

이 책이 나오기까지 졸납(拙衲)의 법문을 녹취하여 정리해 주신 남화여(지일), 정문수(학능) 거사님, 함께 인연 지은 불자님들, 늘 격려

와 사랑을 주시는 한국신약 한만우(자광), 임곤혁(만덕화) 회장님 내외
분, 귀한 사진으로 책을 돋보이게 해주신 자비선사 회주 지운스님,
박희헌 거사님, 책의 출판을 맡아준 사유수 임직원 여러분께 이 공덕
을 회향합니다.

아미타브하! 아미타유스!

계사년 (2013년) 가을

군승 김갑영(남장 영복) 법사 손모음

차 례

제 1 장

삶이 아름다운 이유

티끌 없는 마음이
덕을 쌓는다

마음을 모으고 가만히 염주를 굴리는 것은 부처님이나 신의 이름을 부르는 것입니다. 둥근 염주 알은 장미꽃을 의미하며, 염주를 실로 꿴 것은 장미 꽃다발이라고 할 수 있습니다. 다시 말해, 염주 알 하나하나가 장미꽃이며 사랑인 것입니다.

염주 알을 굴리며 부처님이나 신의 이름을 부르는 것을 우리는 기도라 하고, 이를 통해 마음을 갈무리하고 복을 짓고자 합니다. 세상살이에는 여러 가지 복, 식복부터 재물복, 처복, 자식복 등이 있습니다. 그러나 이 복은 부처님이나 신이 주는 것이 아니라 내가 지어 가는 것입니다.

남을 배려하는 이타행(利他行)은 나도 이롭고 남도 이롭게 하는 자리이타행(自利利他行)입니다. 자리이타가 복을 짓는 것이며, 복은 인덕(人德)과 복덕(福德)을 의미합니다. 남에게 져주면서 살아갈 줄 알아야 복이 찾아오는 것입니다. 일상생활에서 늘 남을 배려하는 마음으로 살아가시기 바랍니다.

제가 어린 동자승 시절에 큰스님과 함께 탁발을 했던 기억이 있습니다. 문 앞에서 염불과 독경을 하고 있으면 주인이 나와 바랑에 시주물(쌀)을 넣어주시고는 합니다. 그러면 "시주 감사합니다." 하고 인사를 합니다. 그러나 어떤 사람은 문전박대를 하는 통에 정말 서럽고 아팠던 기억이 있습니다. 또 동네 아이들이 놀리고 흉볼 때 숨은 적도 있었습니다.

시주 가기 전 사형들이 "누가 문전박대하면 마당에 토끼 그림이라도 그리고, 옆에 아무런 글씨를 써 보거라." 하고 이르는 말을 듣고 시키는 대로 했더니 주인이 달려와 무슨 주문인 줄 알고 지우고 가라고 애걸하는 모습도 보았습니다. 그러다가 좋은 의미인 걸 알고는 시주를 주기도 했구요. 음덕을 쌓으면 웃을 일이 있는 것입니다.

요즘 시중에 '관상'이라는 영화가 주목을 받고 있다고 합니다. 세조 때 관상쟁이의 이야기라는데 시대를 불문하고 사람들이 관심 갖는 주제인 건 분명합니다.

어느 날 관상을 보는 사람이 한 가족의 관상을 봤습니다. 누구 하나 복 있는 사람이 없는데 잘 살고 있더라는 것입니다. 그래서 연유를 찾고자 집을 자세히 살펴보니 그 집에서 기르는 개의 목에 달린 혹에 복이 달려 있더랍니다.

관상쟁이는 그 복을 가로채려고 꾀를 내었습니다. 그 집에서 하룻밤 묵으면서 아프다는 핑계를 댔습니다. "개를 잡아 삶아 먹으면 낫는다."고 했더니 주인이 개를 잡아 끓여주겠다는 것입니다. 그러나 관상쟁이가 개를 먹으면서 아무리 찾아도 그 복덩어리가 보이지 않았습니다.

"개의 목에 있던 혹은 어디 갔나요?"

관상쟁이가 물었더니 옆에 있던 며느리가 대답했습니다.

"개를 끓이며 간을 보는 도중에 제가 먹었습니다. 어두운 밤이라 국자에 무엇이 담겨 있는지 보이지 않았답니다."

혹덩어리는 그 집 며느리가 먹은 것입니다. 그제서야 관상쟁이는 생각했습니다. '정해진 복은 뺏어올 수 없는 것이구나!'

이렇듯 복은 자기가 지어 자기가 받는 것입니다. 복을 누리려면 그만한 복업을 지어야 하는 것입니다. 그래서 이타(利他)는 결국 자기를 위하는 것입니다.

일본의 도쿠가와 시대에 유명했던 선승으로 백은선사가 있습니다. 백은선사는 일본 임제종의 명성 높은 종장(宗長)이셨고 많은 불자가 생불처럼 공경했습니다. 그 중에서 선사를 자기 집으로 초청하는 신도가 있었습니다. 선사가 이 집을 방문하여 공양도 하고 잠도 자고 올 정도로 무척 친밀한 무사였습니다.

그러던 중 그 신도의 딸이 사촌과 눈이 맞아 남자 아이를 낳은 일이 있었습니다. 부모는 "시집도 가지 않은 것이 아이를 낳다니 무슨 망조냐!"고 나무라고 온 집안이 뒤집어지도록 난리가 났습니다. 다급해진 딸은 아버지의 호통에 못 이겨 순간을 모면할 생각으로 꾀를 내었습니다.

"애 아버지가 백은선사예요."

딸은 이 거짓말이 별일 없이 넘어갈 것으로 생각한 것입니다. 그런데 이 소리를 듣자 아버지는 더욱 노기를 띠며 절로 달려갔습니다.

"이 흉악스러운 중 같으니라구! 내가 십 년 동안 당신을 생불로 알고 공양을 바치며 받들었는데 이럴 수가!"

아버지는 백은선사에게 아이를 던져주며 "이 중놈아! 네 자식 네가 길러라." 하고 욕설을 퍼부었습니다.

백은선사가 영문도 모르고 "이것이 웬일인가?" 하자, 아버지는 "이 놈, 네가 한 짓을 벌써 잊어버렸느냐?" 하고는 가버렸습니다.

백은선사는 이처럼 황당한 일을 당하면서도 조금도 당황하지 않았습니다. '아! 그런가보다.' 하고 아이를 받아서 길렀습니다. 동네를 돌며 빨래터 여인들에게 온갖 손가락질과 못 들을 말을 들으면서 젖을 얻어 먹이고, 미음을 끓여 먹이면서 자기 자식처럼 길렀습니다. 그러자 많은 스님과 신도는 물론 세상의 모든 사람이 백은선사가 외

도를 해서 낳은 자식으로만 믿게 되었습니다. 이렇게 되자 신도의 딸은 백은선사에게 억울한 누명을 씌운 것이 너무나 민망하고 양심에 가책을 느끼기 시작했습니다. 후회하고 괴로워하면서 아버지에게 사실을 고백했습니다.

선사가 억울한 누명을 쓰고 있다는 딸의 말을 들은 아버지는 "이

몹쓸 것아! 너 때문에 부처님 같은 선사에게 용서받을 수 없는 대죄를 지었으니 어쩌면 좋다는 말이냐. 세상에 이럴 수가!" 하며 선사에게 달려갔습니다. 그리고 엎드려 눈물을 흘리며 사죄를 했습니다. 그러자 백은선사는 마음에 조금의 걸림도 없이 "아! 그런가? 이 아이에게도 아버지가 있었군." 하며 아이를 돌려주었다고 합니다.

그로부터 세상 사람들은 백은선사의 인욕과 도덕을 더욱 찬양하게 되었고, 그 신도는 전보다 더 선사를 우러러 받들게 되었다고 합니다. 뿐만 아니라 일본 국민들도 백은선사를 더욱 존경하고 높이 받들었다고 합니다.

만약 백은선사가 "아이의 아버지가 내가 아니다."라고 했더라면 무사의 딸은 물론 아기와 아기의 아버지도 그 무사의 손에 죽었을 것입니다. 백은선사는 인욕의 덕으로 세 사람의 목숨을 살린 것입니다. 인욕! 이보다 더한 음덕이 어디에 있을까요.

백은선사의 인욕과 음덕의 참 모습은 또 있습니다. 백은선사가 젊었을 때 도반과 함께 길을 갈 때의 일입니다. 함께 가는 도반이 어깨에 짊어진 시주물이 무거우니까 꾀를 내어 아프다고 한 것입니다. 그래서 백은선사는 그 도반의 짐까지 짊어지고 갔습니다. 항구에서 배를 타고 가는 도중에 백은선사는 깊은 잠에 빠졌습니다. 그런데 아침에 깨어보니 배는 항구에 그대로 서 있는 것이었습니다.

"어떻게 된 것이냐?"고 물으니 간밤에 배가 떠나가다가 태풍을 만나 겨우 항구로 돌아 왔다는 것입니다. 주위와 도반을 돌아보니 모두 토하고 뒹굴어 엉망이 된 모습 뿐이었습니다. 무거운 짐을 지고 힘들어 하며 왔기에 지친 몸에 긴 잠이 태풍의 요동도 잊을 수 있게 한 것입니다. 인욕으로 음덕이 있으면 가피가 있다는 말을 깊이 간직하시기 바랍니다.

죽영소계 진부동 (竹影掃階 塵不動)
월륜천소 수무흔 (月輪穿沼 水無痕)

대나무 그림자 섬돌 위를 쓸어도 흙먼지가 일지 않고,
달빛이 못 밑을 뚫어도 물은 흔적을 남기지 않는다.

— 야부도천(冶父道天) 〈금강경오가해〉

수류임급경상정(水流任急境常靜) 화락수빈의자한(花落雖頻意自閑)
인상지차의(人常持此意) 이응사접물(以應事接物)
신심하등자재(身心何等自在)

사람이 항상 이런 마음을 지니고 일에 대처하면
몸과 마음이 어떤 경우에도 자유롭다.
물이 급히 흘러가도 주위는 항상 조용하고,
꽃이 자주 떨어져도 내 마음은 조용하다.

— 〈채근담〉

대나무의 잔가지는 묶어서 빗자루를 만들어 낙엽을 쓸지만, 대나무 그림자는 바람에 흔들려도 낙엽이 쓸려지지 않습니다. 또 연못의 물은 물체가 닿으면 물결이 일지만, 달은 물에 잠겨도 물결이 일지 않습니다. 누구나 알고 있는 사실입니다. 사실 그대로 직관하는 마음으로, 집착함이 없는 삶을 살아야 할 것입니다.

물은 흘러가고 꽃은 떨어집니다. 그래도 마음은 변화에 동요되지 않는 고요함을 간직하고 세상의 모든 일에 임한다면 한가함과 자유를 누릴 수 있습니다. 티끌이 없는 이 마음! 그것이 음덕을 쌓아가는 마음입니다.

우리의 삶은 상대방이 있기 때문에 서로 의견이 다를 수 있습니다. 자신을 이해하면 자신감이 생기고, 상대를 이해하면 상대가 아름답게 보입니다. 숨은 덕을 쌓으면 그 과보는 반드시 나타나는 것입니다.

노보살님의
고무신 공양

수본진심(守本眞心)이 제일정진(第一精進)이라! 서산대사의 〈선가귀
감〉에 나오는 말입니다. 저는 이 말씀을 삶의 좌우명처럼, 혹은 화두
처럼 여기며 살고 있습니다.

진심(眞心)이란 무엇일까요? 진심이란 변하지 않는 '참 마음'이
요, 물들지 않는 '깨끗한 마음'이요, 한없이 포용하며 순수한 '깨어있
는 마음'입니다. 거기에는 성냄도, 어리석음도, 답답함도, 옳고 그름
도 없습니다. 그저 맑고 따뜻한 마음일 뿐입니다. 그러니 이 마음을
잘 지키는 것이 곧 자신을 지키는 것이요, 참되게 사는 길입니다. 그
런데 살다보면 이런 마음을 견지하기가 쉬운 일만은 아닙니다.

어느 날 새벽 예불을 마치고 나니 마을의 보살님 한 분이 밤 몇 톨을 불단 위에 정성껏 올려놓고 가시는 것이었습니다. 밤을 바라보니 문득 거제도 장승포에 계시는 도리천 스님의 시가 떠올랐습니다.

"가난한 할머니가 고무신 깨끗이 씻어 불단 위에 올려놓고, 부처님 외출하실 때 신으시라 기원하며 맨발로 돌아가셨다."

이 짧은 자작시를 도리천 스님은 마치 어린 아이처럼 천진하게 읊어 주었습니다. 아무것도 없는 가난한 할머니가 부처님께 특별히 드릴 게 없어 고민하다가 부처님을 바라보니 맨발이었던 것입니다. 그래서 자기가 신고 있던 고무신을 깨끗이 씻어 불단 위에 올려놓고, 외출할 때 신으시라며 공양 올렸다고 합니다. 그리고 정작 자신은 맨발로 돌아간 것입니다.

이 순수한 시골 할머니의 지극한 마음이 담긴 공양이야말로 참 불공이 아니겠는가! 그래서 스님은 시로써 이 할머니의 마음을 남긴 것입니다.

오늘 이 노보살님도 주워온 밤 몇 톨을 부처님 전에 올리며, '부처님! 올 가을에는 이 햇밤 드시고 고향 생각은 잊으세요!'라고 기원했을 것입니다. 그리고 손수 농사지어 갈아 만든 콩국물이라며 쑥스럽게 내려놓고 가시는 모습에서 고무신 할머니의 마음과 같은 진실함이 느껴져 가슴이 뭉클했습니다.

우리를 공부시키는 사람은 도처에 있습니다. 제겐 함께 생활하는 군종병이 그러합니다. 이 친구는 천성적으로 행동이 굼떠 새벽에 자명종을 몇 개씩 맞춰놓고도 일어나는데 무척 힘들어 합니다. 자명종 소리가 얼마나 큰지 건너편에 있는 내 침소까지 들리는데도 제가 예불 준비를 다 마칠 때까지 군종병은 소식이 없습니다.

그런 날에는 애써 그를 깨우지 않고 저 혼자 슬그머니 예불 준비를 마치고 대종을 타종하러 범종각으로 숨가쁘게 올라갑니다. 계단이 108개나 되니 한참을 올라가야 합니다. 제시간에 도착하기 위해 숨을 헐떡이며 종각에 이르렀을 때 시커먼 그림자가 버티고 서 있었습니다. 깜짝 놀라 바라보니 그 자리에 군종병이 서 있는 것이었습니다. 그는 늦게 일어났지만 타종에 늦지 않으려고 헐레벌떡 뛰어올라온 것이었습니다.

그 순간 저는 '아니 이 놈이 날 훈련시키나? 늦었으면 법당에 와서 늦었지만 종은 자신이 치겠다고 했으면 내가 이렇듯 땀 흘리며 숨차게 올라오는 수고를 하지 않아도 될 것 아닌가!' 하는 생각에 언짢은 말이 튀어나오려고 했습니다.

그런데 그 순간 바로 생각을 바꿨습니다. '그래, 그래도 네 덕분에 이 좋은 새벽 공기를 마시며 아름다운 새벽 풍경을 대하게 되었으니 이 얼마나 감사한 일인가!' 그렇게 마음을 돌리니 밉던 군종병의 얼굴이 부처님의 얼굴로 바뀌며 마음이 개운해졌습니다.

한 마음 속에 모든 행이 다 들어 있습니다. 이는 자기 성품을 바로 보면 부처가 된다는 것을 의미합니다. 부처를 이루면 나의 말이 헛되지 않고, 나의 말이 길이 되고, 나의 행위는 진리가 됩니다.

삶이란 바로 그 순간인 것입니다. 한순간 깨어 있으면 행복해지고 한 순간 어두워져 버리면 바로 지옥이 됩니다. 행복도 지옥도 모두 내가 만드는 것, 그래서 수본진심이야말로 제일의 정진이라고 합니다.

내 마음의 향기는
타인의 등불

우리가 맑은 영혼을 지니기 위해서는 어떤 향을 갖추어야 할까요? 부처님께서 이에 대해 말씀하신 대목을 보겠습니다.

부처님께서 사밧티의 기원정사에 계실 때의 일이다.

어느 날 아난다가 찾아와 향기에 대해 부처님께 여쭈었다.

"부처님, 저는 혼자 숲에서 명상을 하다가 문득 이런 것을 생각했습니다. '모든 향기는 바람을 거슬러 냄새를 풍기지 못 한다. 뿌리에서 나는 향기나, 줄기에서 나는 향기나, 꽃에서 나는 향기는 다만 바람을 따라서 냄새를 풍길 뿐이다. 그렇다면 혹 바람을 따라서도 풍기고 바람을 거슬러서도 풍기고, 바람이 불거나 불지 않거나, 바람에 상관없이 풍기는 향기는 없을까.' 부처님, 과연 그런 향기는 없을 런지요?"

부처님께서는 이렇게 말씀하셨다.

"아난다야, 네 말대로 뿌리의 향기나 줄기의 향기나 꽃의 향기는 바람을 따라 향기를 풍기지만 바람을 거슬러서는 향기를 풍기지 못 한다. 그러나 어떤 향기는 바람을 거슬러서도 풍긴다. 그것은 이런 향기다. 어느 마을에 착한 남자와 여자가 있다. 그들은 진실한 법을 성취하여 목숨이 다할 때까지 생명을 함부로 죽이지 않고, 남의 물건을 훔치지 않으며, 음행하지 않고, 거짓말하지 않으며, 술 마시고 실수하지 않았다. 이런 사람을 보면 누구든지 '어느 곳에 사는 아무개는 계율이 청정하고 진실한 법을 성취했다'고 말하는 것이다. 이것은 그 사람에게서 나는 향기다. 이 향기는 바람을 따라서도 풍기고, 거슬러서도 풍기며, 바람이 불거나 불지 않거나 관계없이 풍기는 것이다."

— 〈잡아함 38권 1073경〉

그렇습니다. 그럼 우리 불자들이 간직해야 할 향기는 어떤 향일까요? 오분향(五分香)으로 오분법신(五分法身)을 갖추어야 합니다.

오분향은 다음과 같습니다.

첫째, 계향(戒香)입니다. 계향이란 윤리적으로 깨끗한 생활을 하는 데서 생깁니다. 맑고 고운 마음으로 부처님과 같은 바른 삶을 살아야 하는 것이며, 또 규칙적인 생활을 하는 것을 계향의 생활이라고 합니다. 다시 말해, 마음에서 일어나는 일체의 질투·분노·탐욕·증오·오만에서 벗어나는 것을 말합니다. 즉, '부처님의 청정한 삶처럼, 어떠한 흙탕물에도 더럽히지 않은 연꽃처럼 맑고 향기롭게 살고 싶습니다.'라는 바람이 계의 향입니다. 계라고 하는 것은 계율(戒律)을 이르는 말로서, 바른 삶을 위해 해서는 안 될 일 등을 부처님께서 정해놓은 것입니다. 이는 규정을 잘 지키면서 규정에 어긋나지 않게 시종여일하고 초지일관하는 삶을 말합니다.

새벽 예불을 하다보면 마치 법당에 자리를 정해놓은 듯 신도 분들이 스스로 앉는 자리가 있습니다. 이렇게 자리를 지키고 있는 분들을 보면 법당이 꽉 찬 느낌이 듭니다. 그 분들은 항상 처음과 끝의 향기가 같은 분들입니다. 초심불망(初心不忘)! 처음의 마음을 잊지 않고 지속적으로 이어가는 불자님들의 모습입니다. 초지일관(初志一貫)의 마음! 어떤 일을 할 때나 인간관계에 있어 아주 중요한 마음의 자세입니다.

둘째, 정향(定香)입니다. 이를 성취하기 위해서는 우선 산란한 마음이 없어야 됩니다. 부처님과 같이 맑고 바른 삶으로부터 오는 고요하고 행복한 마음으로 늘 안정되고 평화로운 상태에 있는 향기를 말합니다.

셋째, 혜향(慧香)입니다. 고요한 호수에 달빛이 비치듯 지혜의 빛이 가득한 향기입니다. 세상 사람들의 다툼에 휩쓸리지 않는 지혜의 향기, 이것을 불가에서는 삼학(三學)이라고 합니다. 행복에 이르는 길은 삼학이고, 반대로 행복을 깨는 것은 삼독(三毒)인 것입니다.

삼독은 탐 · 진 · 치를 이릅니다. 여기서 탐(貪)은 물질적인 욕심

을 말합니다. 그렇기 때문에 늘 대가를 바라지 않는 베푸는 마음으로 살아가라는 것입니다. 탐심을 떨쳐내기 위해서는 늘 다른 사람에게 베풀어야 합니다. 또 진(嗔)은 분노, 즉 성내는 마음을 말합니다. 진심을 멀리함으로써 정(定)에 오를 수 있습니다. 성내는 마음은 자기가 쌓은 그 모든 것을 한순간에 무너뜨리는 불행의 씨앗이 됩니다. 그리고 치(癡)는 '나 혼자 잘 났다'고 생각하는 마음입니다.

탐심을 떨쳐내기 위해서는 남을 대할 때 주는 마음을 습관처럼 간직해야 합니다. 또 진심을 없애기 위해서는 후회하는 일을 줄여야 합니다. 그리고 치심을 멀리하기 위해서는 모든 사람을 부처님으로 생각하는 마음을 가져야 합니다. 모든 사람을 부처님으로 보면 자기를 낮추어야 하니 자연스레 상대방에게 공경과 평등심을 갖게 됩니다. 이런 마음을 쌓아야 비로소 대자대비(大慈大悲)하다고 할 수 있는 것입니다.

그렇다면 마음을 닦는 법을 알려드리도록 하겠습니다. 사람이 화를 내고 짜증을 낼 때마다 마음에 독심이 일어난다고 합니다. 그 독심은 온 몸과 내장으로 퍼져 심하면 얼굴과 손발이 붓기도 합니다.

살모사 한 마리에서 추출하는 독은 사람 7명을 죽일 수 있을 정도로 치사율이 높다고 합니다. 이처럼 살모사가 사람을 물기 위해 공격을 시도할 때는 독이 많이 나오지만, 사랑을 나눌 때는 독이 다 없어져 마치 계란의 흰자위와 같다고 합니다.

사람도 이와 같지 않을까요? 사람의 마음에서 커진 독이 소화기 계통의 병을 일으킵니다. 그렇기 때문에 욕심이 많은 사람에게는 위궤양이 생기고, 성을 잘 내는 사람에게는 폐와 기관지에 여러 질환이 생기게 되는 것입니다. 몸살도 마음의 독이 원인이 되어 피로가 겹쳐 일어나는 현상이라고 합니다. 저도 40여 년간 아침에 예불을 드리고 마음을 닦고 있지만, 중생의 몸으로 성질 안 내고 욕심을 덜어내기가 쉽지 않다는 것을 항상 느낍니다.

저를 한동안 괴롭힌 사람을 15년 전에 만난 적이 있습니다. 그 순간 상대를 미워하는 마음이 올라오는 것을 느꼈습니다. 제가 이런 말을 하면 "와! 마음 닦는 분도 사람을 미워할 때가 있어요?" 하고 반문하는 분들도 있습니다.

그토록 진심(嗔心)을 누르기는 힘든가 봅니다. 남에게 말도 못하고 자다가도 벌떡벌떡 일어나게 되고. 그러고 나니 몸에 부스럼이나 종기가 생기기도 했습니다. 자가치료를 하다가 나중에 국군병원에 후송되어 결국 수술을 하고 보름간 요양을 했습니다. 그 순간 이게 뭔가 싶기도 하고, 내가 화를 다스리지 못해 이런 일이 생기는구나 하고, 부처님께 내려놓고 마음을 쉬어야 했는데 하고 후회도 했습니다.

법당에서 가만히 목탁 치는 소리를 들어보면 스님들도 얼마나 스트레스 받는지를 알 수 있습니다. 목탁이라는 게 또르록~ 또르록~ 낙숫물 흐르는 것처럼 쳐야 되는데, 스트레스를 풀 데가 없어서인지는 몰라도, 서~ 가모니불! 하며 목탁이 부러지도록 세게 두들겨대는 스님도 계십니다. 그 광경을 보고 저는 '아! 그렇게라도 스트레스를 풀어 업장을 소멸하는 방법이 있구나' 생각하며 미소 지었던 적이 있습니다.

진심(嗔心)은 성내는 마음으로 인해 재앙이 따르고, 혈압이 상승하고, 눈이 침침해져 결국 시력이 나빠집니다. 진심이 올라오고, 치심이 올라오고, 탐심이 올라오면 주저하지 말고 부처님께 받치시기 바랍니다. 마음의 독이라는 것은 이처럼 무서운 것이므로 순간순간 부

처님께 받쳐서 마음을 맑게 해야 합니다.

넷째, 해탈향(解脫香)입니다. 계·정·혜 삼학을 통해서 오분법신의 몸을 갖게 되면 해탈의 경지에 이르게 됩니다. "불교를 왜 신앙하십니까?"라는 질문을 받으면 많은 분이 "성불하기 위해서!"라고 대답합니다. 성불이라는 게 무엇을 의미하나요? 성불은 해탈을 한다는 말입니다. 즉, 인생의 모든 고통의 문제와 괴로움의 문제를 풀고, 그 문제로부터 벗어나는 자유를 얻는 것을 해탈이라고 합니다.

마지막으로 해탈지견향(解脫知見香)입니다. 해탈한 오분향을 모든 중생을 제도하는데 회향한다는 겁니다. 아무리 이론이 좋고 밝아도, 실천이 없으면 공염불이고 무용지물입니다.

지금까지 오분향을 정리하면 이렇습니다.

계향 : (내 몸이 행하는 모든 것은) 청정하게
정향 : (흔들림 없이) 당당하게
혜향 : (언제나 깨어있는 수행자처럼) 뚜렷하게
해탈향 : (신구의 삼업을 행함에 있어) 자유롭게
해탈지견향 : (내 몸같이 보살펴주는 보살처럼) 향기롭게

청정하고, 당당하고, 뚜렷하고, 자유롭고, 향기로운 삶을 성취하는 것이 불자들이 일으켜야 할 몸체입니다. 이것을 오분법신이라고

합니다. 예불문의 '광명운대 주변법계 공양시방 무량불법승'이 말하는 바, 온 누리에 서기 어린 좋은 향기를 가져다가 제불 보살님들께 드리오니 모든 중생이 감화되어 모두 해탈 성불하시기 바랍니다.

이 몸을 향으로 만들어 님에게 드리고자
이 몸을 등으로 만들어 님에게 바치고자
이 몸을 꽃으로 만들어 님에게 보이고자
이 몸을 차로 만들어 님에게 마시게 하고자

그래서 항상 내 몸에 오분향을 가득 담아 일체중생에게 그와 같이 나의 향기를 전해주는 것이고, 또 등을 만들에 님에게 비추는 것입니다. 내가 만나는 모든 사람이 어둠 속에서 헤매고 있을 때, 또 방황할 때 그 사람에게 등불이 되어주는 것입니다. 또 꽃을 만들어 님에게 보인다는 것은 나를 만나는 모든 사람이 즐거워야 하며, 나를 만나는 모든 사람이 꽃을 보는 마음처럼 늘 향기롭고 평온해야 한다는 것입니다. 또 내가 차(茶)가 되어 상대방이 목마름의 갈증이 있을 때 시원하게 해결해 줄 수 있어야 한다는 것입니다.

이처럼 오분향은 불자가 성취해야 할 가장 중요한 해탈의 길인 것입니다. 그래서 "성불하십시오!"라는 말은 "해탈하십시오." 즉 "오분향을 성취하십시오!"라는 말이 됩니다. 따라서 누군가 "일요일에 왜 절에 가시나요?” 하고 물어보면, ‘해탈하기 위해서!’라고 자신 있게 대답해야 합니다.

‘구원을 받기 위한’ 종교도 있지만, 해탈을 하면 자유로워지는데 굳이 구원까지 받을 필요가 있을까요? 계·정·혜 삼학을 통해 탐·진·치 삼독을 제거하고 해탈향과 해탈지견향을 성취하면 자유자재한 구원의 삶이 펼쳐지는데 말입니다. 그러니까 계·정·혜 삼학까지는 내가 수행을 통해 성취해야 하는 것이고, 해탈향과 해탈지견향은 사회를 향해서 내가 성취한 향기를 함께 나누는 것입니다. 불교의 이상이라는 것은 이처럼 멋지고 아름다운 것입니다. 사람은 자기 인생의 주인이 되어 향기로운 삶을 살아야 하는 것입니다. 오분향을 성취하십시오!

사람이 축생보다
못나서야

〈금수회의록〉은 동물들이 모여 인간 사회의 부조리와 현실을 비판하고 풍자하는 우화소설입니다. 안국선(安國善)이 지은 우리나라 최초의 근대 단편소설집인데 발표 당시 사회 비판성이 강하다는 이유로 1909년 판매 금지를 당하기도 했던 화제의 신소설입니다.

〈금수회의록〉은 주인공이 인간 세상의 타락을 한탄하다가 잠이 들었는데, 꿈속을 배회하다가 금수회의소에 도착하여 그들의 회의를 방청하는 것으로 시작됩니다.

먼저 까마귀가 반포지효(反哺之孝)를 내세우며 인간을 비난합니다. 까마귀는 부화 후 60일 동안 어미로부터 먹이를 받아먹다가 어미가 늙으면 먹이를 물어와 어미를 먹입니다. 자식이 자라서 부모의 은혜에 보답함을 이르는 말이 반포지효입니다.

　그런데 사람들은 까마귀를 보면 재수가 없다고 합니다. 사람들의 불길한 징조를 미리 알려주는데도 알지 못하는 소치라고 합니다. 인간들은 모두 효자인 척 하지만 실상 하는 행실을 보면 금쪽같이 키워준 부모의 뜻을 어기며, 재물을 가지고 형제들끼리 다투어 부모의 마음을 상하게 하며, 제 한 몸만 생각하고 부모가 주리되 돌아보지 않는다며 까마귀들은 인간들의 불효를 비판하고 있습니다.

　다음은 여우가 호가호위(狐假虎威)를 예로 들면서 인간의 간사함에 대해 성토합니다. 호랑이가 짐승들을 잡아먹으려고 할 때 먼저 여우가 호랑이에게 붙잡혔습니다. 이때 여우가 꾀를 내어 호랑이에게 "제석천이 나로 하여금 모든 짐승의 어른이 되게 하였으니, 지금 자네가 나의 말을 믿지 아니하거든 내 뒤를 따라와 봐라. 모든 짐승이 나를 보면 다 두려워한다."고 했습니다. 호랑이가 여우의 뒤를 따라가니 과연 모든 짐승이 벌벌 떨며 여우를 두려워합니다. 호랑이가 여우의 말을 믿고 잡아먹지 못했다는 것입니다. 이는 짐승들이 여우를 보고 두려워한 것이 아니라 여우 뒤의 호랑이를 보고 두려워한 것입니다. 여우가 호랑이의 위엄을 빌려서 모든 짐승으로 하여금 두려운 마음을 갖게 한 것입니다.

　여우는 말합니다. "호가호위(狐假虎威)는 우리들의 슬기요, 지혜다. 음란과 요망함의 상징으로 우리를 말하나, 여우는 분수를 지켜

타짐승과 통교하는 일이 없거늘 우리보다 더 문란한 인간들이 우리를 비난할 수 있겠는가?" 이는 외세에 의존하려는 세도가들의 정치의식을 비판하고, 실력이나 능력이 없는 사람이 남의 권세를 빌어 위세를 부리고 있음을 풍자한 것입니다.

다음은 개구리가 정와어해(井蛙語海)의 예를 들어 분수를 지킬 줄 모르고 잘난 척 하는 인간들을 헐뜯습니다. 정와어해는 '우물 안 개구리가 바다를 말한다'는 말로, 견문이 좁고 세상 형편에 어둡고 소견 좁은 인간이나 자기 분수를 모르고 행동하는 것을 비판하는 말입니다. 개구리는 말합니다. "우리를 우물 안 개구리라 깔보지만, 우리는 분수를 알고 주제넘지 않거늘, 인간들이야말로 주제 모르고 날뛰는 자 부지기수니 분수를 알아야 할 자는 바로 인간들이다."

다음은 벌이 구밀복검(口蜜腹劍)을 통해 인간의 이중성을 집중적으로 공격합니다. 구밀복검은 '입에는 꿀을 담고 있으면서 뱃속에는 칼을 숨기고 있다'는 말로, 겉으로는 친한 체 하지만 속으로는 은근히 해칠 생각을 품고 있음을 비유한 말입니다.

벌은 말합니다. "인간들이 우리를 구밀복검이라 욕하나, 입에 있는 꿀은 양식일 뿐이요, 배에 있는 침은 정당방위를 위한 것일 뿐이다. 우리는 오직 한 임금만 섬기는 군령이 분명하나, 인간들은 장수를 죽이고, 배신이 난무하고, 게으름이 많고, 자신의 직분에 충실하지

않으니 부끄러운 줄 알라.” 이처럼 벌은 서로 미워하고 속이는 인간들을 비판합니다.

또, 게는 무장공자(無腸公子)의 예로 외세에 의존하려는 인간의 태도를 힐난합니다. 무장공자란 창자가 없는 게에 빗대는 말로, 줏대 없고 절개 없는 인간들을 비판하고, 지배 계급의 부패상을 풍자합니다.

게는 이렇게 이야기합니다. “우리는 비록 옆으로 걸어도 바로만 가며, 제 구멍이 아니면 안 들어간다. 우리를 일러 무장공자라고 하면 무례하다. 온갖 부정부패와 윤리를 모르는 인간들이여! 당신들은 과연 올바른 창자가 있는 이가 얼마나 되는가?” 그러면서 국민들의 무주체성과 불법 외인에 대한 무저항을 비난하고 있습니다.

그러자 파리는 영영지극(營營之極)을 들어 인간의 탐욕스러움을 맹비난합니다. 영영지극은 여기저기 왕래하는 모양, 또는 악착같이 이익을 추구하는 모양을 나타내는 말입니다. 목적을 위해 수단과 방법 가리지 않는 인간들의 간사함을 비판합니다.

파리는 말합니다. “우리를 간사한 소인이라고 말하나 우리는 동포애가 지극하여 먹을 것을 보면 혼자 먹는 법이 없다. 하지만 인간들은 이익만 보면 부모형제도 몰라 보는 골육상쟁을 마다하지 않는다. 그러니 파리 쫓으려 하지 말고 너희들의 썩은 생각이나 쫓아버려라.” 파리는 인간들의 신의가 없음을 비난하고, 아울러 사리사욕을 규탄하고 있습니다.

호랑이는 가정맹어호(苛政猛於虎)를 들어 인간의 험악하고 흉포한 점을 성토합니다. 가정맹어호는 '가혹한 정치는 호랑이보다 더 사납다'는 말로 포악한 정치와 폭력을 비판합니다.

호랑이는 말합니다. "우리를 빗대어 가정맹어호라 하여 포악의 상징으로 여기나, 우리는 포악하되 때와 장소를 가리고 은혜를 갚는 의리가 있다. 하지만 인간들은 어떠한가?" 호랑이는 전쟁에서 과학의 악용 및 현대 국가의 물욕과 포악함을 통박하고 있습니다.

마지막으로 원앙이 쌍거쌍래(雙去雙來)를 예로 들며 인간의 더럽고 괴악한 심성을 폭로합니다. 쌍거쌍래는 '어디를 가거나 올 때 항상 함께 다닌다'는 말로 인간의 불건전한 남녀 관계와 음란함을 비판합니다. 그러면서 부부간의 윤리와 애정을 강조합니다. 한 사냥꾼이 원앙새 암컷 한 마리를 잡았는데, 잡고 보니 지난 해 잡힌 수컷의 머리를 겨드랑이에 품고 있더랍니다. 이 사냥꾼은 그 후로 다시는 원앙 사냥을 하지 않았다고 합니다.

〈금수회의록〉에 등장하는 여러 짐승의 연설을 듣고 가만히 생각해 보면 세상에서 참 부족한 것이 사람인 것 같습니다. 제일 악하고, 제일 흉괴하고, 제일 음란하고, 제일 간사하고, 제일 더럽고, 제일 어리석은 것이 바로 사람인 듯도 합니다.

우리 인간은 까마귀처럼 효도할 줄도 모르고, 개구리처럼 분수를 지킬 줄도 모르고, 여우처럼 슬기롭고 지혜롭지 못하고, 호랑이보다 은혜롭지 못하고 벌과 같이 정직하지도 못하고, 파리같이 이웃을 사랑할 줄도 모르고, 창자 없는 일은 게보다 심하고, 부정한 행실은 원앙새에 부끄러운 것은 아닌지에 대해 고민을 해봐야 할 것입니다.

동물은 각기 좋은 점이 있는데 결정적으로 참지를 못합니다. 그러나 인간은 참을 수 있습니다. 일인장락(一忍長樂)이라고 합니다. 참으면 웃을 일이 생깁니다. '마음 다스리는 글'에서도 복은 검소함에서 생기고, 덕은 겸양에서 생기며, 죄는 참지 못하는 데서 생긴다고 합니다.

이런 이야기가 있습니다. 어느 장자가 오랫동안 외국으로 장사를 다녔습니다. 장터에서 누가 봉투를 사라고 권합니다. 값은 십만 냥이라고 합니다. '봉투 속에 무엇이 들었기에 저리 비싼가?' 하고 구입했습니다. 봉투를 열어보니, '뒤로 세 걸음, 물러서서 세 걸음' 하라고 적혀 있었습니다.

장자가 장사를 마치고 밤중에 집에 돌아와 보니 부인의 신발 옆에 웬 남자의 신발이 나란히 놓여 있는 것이었습니다. 도끼를 들고 방으로 들어가려고 하는데, 문득 십만 냥을 주고 산 봉투의 글귀가 생각났습니다.

그래서 '뒤로 세 걸음, 물러서서 세 걸음' 하고 있는데 마침 부인이 나오는 것입니다. "누구의 신이냐?"고 물으니, 남자 신발을 부인 신 옆에 두고 마치 남편이 있는 것처럼 지냈다고 답하는 것이었습니다.

어릴 때 스승님은 나에게 "잘 살려면 이 세상에 한 번 안 태어난 것으로 생각하고 참고 살아야 한다."고 늘 말씀하셨습니다. 참을 줄 알아야 합니다. 수행(修行)은 참는 것에서부터 시작합니다.

마음의 행복을 주는
청복(清福)

오유지족(吾唯知足)은 족함을 알라는 말입니다. 열반하신 석주 큰스님께서 늘 하셨던 말씀이지요. 〈법구경〉에도 만족하는 삶이 최대의 부자요, 건강이 최대의 재산이며, 족함을 아는 삶이야말로 최고 행복한 삶이라고 명시되어 있습니다.

군자는 어찌하여 늘 스스로 족하며 (君子如何長自足)
소인은 어찌하여 늘 족하지 아니한가 (小人如何長不足)
부족하나 만족하면 늘 남음이 있고 (不足之足每有餘)
족한데도 부족타 하면 언제나 부족하네 (足而不足常不足)

즐거움이 넉넉함에 있으면 족하지 않음 없지만 (樂在有餘無不足)
근심이 부족함에 있으면 언제나 만족할까 (憂在不足何時足)

때에 맞춰 순리로 살면 또 무엇을 근심하리 (安時處順更何憂)

하늘을 원망하고 남 탓해도 슬픔은 끝이 없네 (怨天尤人悲不足)

내게 있는 것을 구하면 족하지 않음이 없지만 (求在我者無不足)

밖에 있는 것을 구하면 어찌 능히 만족하리 (求在外者何能足)

한 표주박의 물로도 즐거움은 남음이 있고 (一瓢之水樂有餘)

만금의 진수성찬으로도 근심은 끝이 없네 (萬錢之羞憂不足)

이세(진시황의 아들 호해)는 망이궁에 베개를 높이 베고

평생을 누려도 오히려 부족하다고 생각할 것이라 (擬盡吳年猶不足)

— 구봉(龜峯) 송익필(宋翼弼)

이 글을 쓴 사람은 조선시대 선비 구봉 송익필입니다. 그는 선조 때 학자로 서출이라 관직에 등용되지 못하는 처지였습니다. 그래서 자신을 알아주는 율곡 이이를 통해 뜻을 펼치고자 했습니다. 이 시는 만족할 '족(足)' 자를 운(韻)으로 해서 쓴 시입니다.

선조는 방계 혈통으로 16세에 왕위에 올랐습니다. 너무 어린 나이에 왕위에 올라 임금으로서 자질을 갖추지 못했기에 학문과 덕망이 높은 스승을 모시고 공부를 해야만 했습니다. 또 선조는 성격이 우유부단해서 강한 리더십을 제대로 발휘하지 못했습니다. 그래서 민생은 파탄 지경에 이르렀고 각종 유언비어가 난무했습니다. 게다가 조정은 동인과 서인으로 나뉘어 대립관계가 극에 달했습니다. 이 와중에 발생한 사건이 정여립 역모 사건인데 이를 주도한 사람이 바

로 송익필입니다.

송익필의 아버지 송사련은 지금의 청와대 터에서 태어났다고 합니다. 익필은 넷째 아들로 그의 외할머니가 노비 신분이었습니다. 그래서 송사련은 노비 신분에서 벗어나 벼슬길로 나아가기 위해 중종 때 외삼촌인 안당과 그의 아들 안처겸을 모함해서 그들을 다 죽였습니다. 이를 신사무옥이라고 합니다. 어쨌든 그 공으로 그는 당상관에 오르는 등 승승장구 했지만 다시 그 안당의 자손들이 송사련을 무고로 고발해서 결국 노비의 신분으로 다시 돌아갑니다.

그래서 송익필은 뜻을 펴지 못하고 초야에 묻혀서 살았던 것입니다. 그러면서 율곡 이이 선생, 우계 성혼 등과 함께 성리학의 깊은 이치를 논하기도 했습니다. 또 시와 문장에 뛰어나서 당대 8대 문장가의 한 사람으로 이름을 날렸습니다.

송익필은 토정 이지함 선생과도 교류를 했는데 토정 선생과 교류했던 서기(徐起)라는 학자가 자신의 제자들에게 이런 말을 했다고 합니다. "제갈량이 어떻게 생겼는지 알려면 마땅히 송익필을 찾아가 봐라. 구봉이 제갈량을 닮은 게 아니라, 제갈량이 그와 흡사하다."

또한 이순신 장군과 얽힌 일화도 유명합니다. 이순신의 나이 12~13세에 친구들과 전법 연습을 하고 있을 때 송익필 선생이 "우리 집에 한 번 다녀가라."고 말했습니다. 이순신이 막상 그의 집에 가 보니까 그는 누워서 아무 말도 하지 않더라는 것입니다. 그런데 이순신은 송익필의 방에서 그림 하나를 발견했습니다. 그것은 바로 구선도(龜船圖)였습니다. 송익필 선생이 벽에 그려 놓은 거북선 그림을 보고 후일 이순신이 거북선을 만들게 됐다고 전합니다.

이처럼 송익필은 예지와 지모가 뛰어났던 것입니다. 그는 1599년 65세의 나이로 운명을 다할 때까지 충청도 면천에서 도피생활을 하면서 살아갔습니다. 그렇지만 마지막까지 율곡 이이 선생과 활발히 교류를 했으며, 이이도 어려운 일이 있을 때는 송익필을 찾아가 자문을 구했는데 이이가 주장했던 '십만 양병설'도 송익필이 알려준 지혜라고 합니다.

비록 현실에서 명예와 권세는 누리지 못했어도 그에 불만족하지 않고 학문과 지혜를 닦아 나라와 백성들을 위했으니 그의 삶이 어찌 존중받지 않겠습니까.

중국의 역사를 보면 환관에 의해 정치가 좌지우지 되는 경우가 많았습니다. 진시황은 큰아들에게 왕위를 물려준다는 유언을 남기고 50세에 세상을 떠납니다. 이때 환관 조고가 권력을 잡기 위해 유언장을 위조합니다. 그리고 갓 스무 살밖에 안 된 넷째 아들 호해를 황제로 옹립해서 실권을 잡고 무소불위의 권력을 휘두릅니다.

조고가 남긴 유명한 사자성어로 '지록위마(指鹿爲馬)'가 있습니다. 환관 조고는 자기 뜻에 반하는 사람을 제거하기 위해 사슴 한 마리를 끌고 어린 왕을 찾아갑니다. 그리고 '말'이라고 우깁니다. 또 부하

들을 불러 "나는 이것을 말이라고 생각하는데 너는 어떻게 생각하느냐?"고 묻습니다. 조고의 뜻을 알아차린 신하들이 "말입니다."라고 대답을 합니다. 이렇게 답한 사람은 살려주고, "그건 사슴이다."라고 하는 사람은 모조리 죽여버렸다고 합니다. 이것을 두고 '지록위마'라고 합니다. 권력의 맛을 본 사람의 욕심은 끝이 없습니다. 족한 줄 알면 즐겁고, 족한 줄 알면 욕되지 않다는 것을 누구나 알지만 막상 실천하기는 어려운 것입니다.

다산(茶山) 정약용은 병조판서 오대익의 71세 생일을 축하하는 글에서 행복을 '열복(熱福)'과 '청복(清福)' 두 가지로 정의했다고 합니다.

열복은 말 그대로 가슴을 뜨겁게 해주는 화끈한 행복입니다. 일

명 세속에서 말하는 성공과 출세입니다. 외직에 나가 장군이 되어 깃발을 세워 승리하고, 내직으로 들어와 높은 가마를 타고 조정에 들어가 정사를 결정하는 것을 뜨거울 '열(熱)' 자, 즉 열복이라고 합니다. 모든 사람이 말하는 출세한 사람의 행복입니다.

그러나 청복은 좀 다릅니다. 비록 사소하지만 청아한 삶의 일상이야말로 진정한 행복이라는 것입니다. 깊은 산 속에 아무도 알아주는 이 없는 곳에 살고 있지만, 푸른 계곡물을 바라보며 발을 담그고 예쁜 꽃과 나무들을 벗하며, 인생의 사소한 데서 의미를 찾는 것이야말로 진정 청복입니다. 듣기만 해도 맑은 일상이 떠오르며 마음이 행복해집니다.

또한 다산은 이런 말도 했습니다. "세상에 열복을 얻은 사람은 아주 많지만, 청복을 누린 사람은 몇 되지 않는다. 하늘이 참으로 청복을 아끼는 것을 알겠다."

그런데도 사람들은 청복을 거들떠보지 않고 열복을 누리겠다고 아우성을 칩니다. 남들 위에 군림해서 더 잘 먹고 더 많이 갖고, 또 그것으로도 모자라 아예 다 가지려고 합니다. 그러나 열복은 항상 중간에 좌절하거나 끝이 좋지 않습니다. 다행히도 자신이 열복을 누려도 후대까지 가는 경우란 흔치 않다고 합니다.

모든 사람이 우러르고, 아름다운 미녀가 추파를 던지고, 마음대로 못할 일이 없고, 뜻대로 안 되는 일이 없어 어느새 마음이 부풀어 올라 안하무인(眼下無人)이 됩니다. 욕망은 제 발등을 찍기 전에는 식을 줄을 모르지만, 잠깐만에 형편이 뒤바뀌면 결국 경멸과 질시와 손가락질만 남게 되는 것입니다. 그때 가서도 자신을 겸허히 돌아보기는커녕, 주먹을 불끈 쥐고 '두고 보자. 가만 두지 않겠다!'고 이를 갈기만 합니다. 결국 이들에게는 끝내 청복을 누려볼 희망조차 없다는 것입니다.

사람이 이 두 가지 가운데서 택하는 것은 그 성품과 자질에 따라 다릅니다. 그렇지만, 하늘이 몹시 아껴 잘 주려들지 않는 것은 바로 청복이라고 합니다. 그래서 열복을 얻은 사람은 아주 많지만, 청복을 얻은 사람은 몇 되지 않는다고 합니다. 인간이 행복을 추구하는 것은 지극히 당연한 일입니다. 그렇지만 세속의 출세인 열복과, 청아한 행복인 청복 중에 어느 것을 고를 것인가는 매우 자명한 일입니다.

부처님의 가르침을 따르고 실천하는 불자 여러분은 열복은 자기 복에 따라 가져가시고, 자기 근본 마음의 자리에는 청복을 찾아가는 불자가 되어야 합니다. 모름지기 족함을 아는 사람은 바로 깨달음을 얻게 되는 것입니다.

복 짓는 마음
업 짓는 마음

수행을 잘 하는 스님이 계시는 절 앞에 몸을 파는 창녀가 살고 있었습니다. 그 스님은 굉장히 율행(律行)이 청정하고 맑게 살았기 때문에 신도들에게 존경을 받았습니다.

그런데 자기 아랫집에 사는 창녀가 안 돼 보여서 하루는 스님이 그 창녀를 불렀습니다.

"너 인생을 그렇게 살지 마라."

스님이 조용히 타일렀습니다. 그럼에도 불구하고 다음 날 보니 행동에 변화가 없었습니다. 여느 때와 마찬가지로 남자들이 창녀의 집에 들락날락 했습니다.

그래서 스님은 남자가 창녀의 집에 들어갈 때마다 창녀의 집 앞에 돌멩이를 갖다 놓았습니다. 세월이 흐르면서 돌멩이가 쌓여 점차

산을 이루었습니다.

스님이 창녀를 다시 불렀습니다.

"내가 그렇게 타일렀거늘 왜 말을 듣지 않나? 저 돌산을 좀 봐라. 그 동안 네가 상대한 남자들이다."

창녀가 그 순간 참회를 하고 기도를 했습니다.

"하늘이시여! 이 죄 많은 육신을 거두어 가 주소서!"

기도가 하늘에 닿아서 그 날 저녁 하늘에서 천사가 내려와 창녀의 목숨을 거두어 갔습니다.

마침, 스님도 사바세계와의 인연이 다해 같은 날 숨을 거두게 되었습니다. 스님은 저승사자를 따라가며, '나는 평생 동안 계율을 지키고 청정하게 살았기 때문에 내가 극락에 가는 것은 당연지사다'라고 생각을 했습니다. 그런데 한참 동안 저승사자를 따라가다 보니 자기는 지옥의 길을 가고 있고, 반드시 지옥으로 갈 것이라고 생각했던 창녀는 극락으로 가고 있더랍니다.

그래서 저승사자에게 물었습니다.

"재하고 나하고 바뀐 것 아니에요?"

저승사자가 고개를 저었습니다.

"아니, 어떻게 그럴 수가 있습니까?"

스님은 항의를 했습니다.

"나는 평생 계율을 지키고 수행하면서 살았는데 내가 뭔 죄가 있다고 지옥으로 갑니까? 그리고 저 창녀는 평생 몸을 팔며 살았는데 저쪽으로 가고 있습니까?"

"염라대왕은 절대로 평등하십니다. 판단을 잘못하지 않습니다. 자, 저 밑을 보세요."

저승사자의 말을 듣고 밑을 내려다보니 장례 행렬이 지나가고 있었습니다. 바로 스님의 장례 행렬이었습니다. 수많은 신도가 스님의 몸에 향수를 뿌리고, 꽃으로 주변을 장식했습니다. 굉장히 장엄하게 장례를 치르고 있었습니다.

"보시오. 당신의 몸이 지은 바를 그대로 받고 있지 않습니까?"

저승사자가 단호하게 말을 했습니다.

반면, 창녀는 평생 몸을 팔고 나쁜 짓을 했다고 해서 사람들이 시체를 가마니에 돌돌 말아 시다림이라는 숲속에 버렸습니다. 그러니 새들이 와서 시체를 쪼아 먹었습니다.

"보시오. 저 창녀는 자기가 살았던 몸의 과보를 그대로 받고 있습니다. 그런데 천당과 극락은 몸이 가는 게 아니잖아요. 영혼이 가는 거잖아요. 당신의 영혼은 어땠습니까? 극락에 가려면 몸이 가벼워야 하는 것입니다. 업장이 무거우면 갈 수가 없는 것입니다. 당신은 수행을 한 게 아니고 창녀의 집에 드나드는 남자를 세는데 다 보낸 거요."

그렇습니다. 스님은 "저 년 나쁜 년! 하지 말라니까." 하면서 돌멩이를 하나씩 갖다 놓았던 것입니다. 그 돌멩이를 쌓으며 평생 창녀

를 미워하고 증오했던 것입니다. 원망하는 돌멩이가 산을 이룬 만큼 자기 영혼의 업장이 그만큼 무거워지고 더러워졌던 것입니다.

"무거운 업장을 가지고는 극락에 갈 수 없는 거요. 왜냐하면 그 사람의 영혼은 증오와 원망으로 물들어 있기 때문입니다. 입으로 욕하면서 창녀를 증오했어요. 그런데 창녀는 어땠어요? 비록 몸은 그렇게 살았을지라도 마음은 순수하고 맑고 아름다운 영혼이었습니다. 그리고 진심으로 참회했기 때문에 그 여인의 영혼은 극락으로 갈 수밖에 없습니다."

여기서 저승사자의 말이 주는 의미가 뭘까요? 그저 절에 열심히 다니는 게 중요한 게 아니라는 것입니다. 자신의 영혼을 얼마나 밝히고, 맑게 사느냐가 중요합니다.

불자들을 보면 절에 다니면서 복을 지어야 하는데 오히려 업을 지으면서 다니는 분들이 있습니다. 업장을 소멸하기는커녕 업장만 두텁게 쌓으러 다니시는 분들이 있다는 말입니다.

절에 왜 옵니까? 절에 오면 부처님께 예배하고, 자신을 내려놓고, 업장을 참회하고, 부처님의 법문을 듣고, 맑고 향기로운 말씀으로 내 영혼의 양식을 채운 다음 밖에 나가서 보시행을 하고, 또 지계로써 행을 맑게 하고 선업을 닦기 위해 오는 것 아닙니까? 자기 업만 닦으면 되는 것입니다. 그런데 어떤 분들은 업을 닦는 기도에 마음 쓰지 않고 여기저기 찾아다니면서 업을 짓는 사람들이 있습니다. "법사님 차가 몇 시에 나가서 몇 시에 들어왔더라?" 이처럼 엉뚱한 업을 짓고 있습니다. 왜 이렇게 남의 일에 관심이 많은지 모르겠습니다.

"저 분은 뭐 때문에 새벽에 와서 저렇게 오래 절을 할까?" "저 분은 왜 저렇게 열심히 봉사를 할까?" 등등… 내가 못하고 있는 기도를 하고, 내가 안 하는 봉사를 하는 도반을 존경하지는 못할망정 '저 사람이 무슨 마음으로 봉사를 하고 있을까?'에 꼬리를 다는 분들이 있습니다. 굉장히 안타까운 일입니다. 우리 모두 반성을 해야 됩니다.

남이야 삼천 배를 하든 새벽 예불을 하든 상관하지 마십시오. 다 자신을 닦고 복 지으려고 하는 것입니다. 부처님께 쌀을 올리든, 과일을 올리든, 초코파이를 올리든 관심 갖지 말고, '저 분이 아름다운 마음으로 올리는 구나. 고맙네.' 정도로만 생각하시기 바랍니다.

마찬가지로 축원문에 이름을 써서 부처님께 올려놓는데, '법사님 눈에 잘 띄는 곳에 올려서 자기만 복을 많이 받으려 하는 모양이야'라고 생각하면서 남의 선행이나 보시행을 삐딱하게 바라보는 행태는 결코 올바른 신앙이 아닙니다. 신앙을 하더라도 바르게 신앙을 해야 됩니다. 괜히 남 얘기하고, 남을 흉보고 원망하면 결국 자기의 마음속 원망과 흉보는 그대로 쌓여 업장이 됩니다. 내 안에 있는 것을 드러내어 참회하고 맑게 하는 것이 불자의 책무입니다. 반대로 남의 흉이나 잡고 뒷담화를 하는 행동은 결코 바람직하지 못합니다.

어떤 거사님 한 분은 9년간 매주 일요일 아침 6시 30분이면 법당에 오십니다. 그리고 오와 열을 맞춰 방석을 펴고, 교재를 놓고, 법요집을 놓으십니다. 그러면, '저 거사님이야말로 참 보살님이구나!' 하고 생각하면 좋은 것입니다.

쓸데있는 업도 조심스러운데 이처럼 쓸데없는 업을 지어서는 안 됩니다. 있는 그대로, 아름다운 모습은 아름다운 모습 그대로 봐야 됩니다. 거기에 계산을 집어넣으면 안 됩니다. 남의 일에 관심 갖지 말고, 자기 살림살이에만 집중합시다.

동자승 시절의 추억

숙세의 인연이 깊었던 탓에 저는 일곱 살의 나이로 동진출가를 했습니다. 어린 나이에 부처님을 시봉하며 산사에서 살다 보니 또래와는 거의 어울리지를 못했습니다. 큰스님의 시봉을 하면서 저보다 나이가 많은 분들과 생활을 하다 보니 또래에 비해 조숙한 편이었습니다.

이런 저와 잘 어울려 다녔던 도반은 세 살 위인 문수라는 친구였습니다. 나이는 위였으나 키가 작았던 그는 학교를 다니지 않았는데 우리 둘은 함께 종종 탁발을 나가고는 했습니다. 지금은 탁발이 불교 이미지에 부정적인 영향을 준다고 하여 금지하고 있지만, 그 당시만 해도 탁발은 스님들의 자연스러운 일상사였습니다.

탁발은 수행자에게 있어 무소유의 실천인 동시에 수행의 한 과
정이었습니다. 또한 시주자는 그로 인해 공덕을 짓게 되므로 모두에
게 좋은 일입니다. 세상의 눈으로 보면 탁발은 문전걸식이므로 자신
을 철저히 비우지 않으면 안되는 것이었습니다. 저 역시 당시 동네
꼬마들이 줄지어 따라다니며, "중 중 때까중!" 하며 놀려대는 바람에
무척이나 창피하고 부끄러웠습니다.

저는 얼굴을 감추기 위해 커다란 삿갓을 쓴 채 바랑을 메고 목탁
을 들었으며, 문수는 발우를 들었습니다. 지금 생각하면 동자승 둘이
어울리지 않는 커다란 삿갓을 쓰고 동냥하는 모습이 구경거리가 될
만도 했습니다.

요즘은 시골에도 담벼락에 철문이 달려 있어 집 안으로 쉽게 들
어갈 수가 없지만 그 당시만 해도 대문이 따로 없어 어렵지 않게 집
마당으로 들어갈 수가 있었습니다.

"소승 문안입니다!"

문수와 저는 목탁을 내리며 그렇게 외쳤습니다. 그리고 반야심
경을 읊조렸습니다. "마하반야 바라밀다 심경 관자재보살……."

시골집에는 대부분 마당이 있고, 그 위에 토방이 있으며, 마루
다음으로 안방이 있습니다. 안방 문 옆에 조그만 쪽문이 달려 있는
데, 그 곳에는 방 안에서 밖을 내다볼 수 있도록 가운데에 약 10cm
정도의 정사각형 유리가 붙어 있습니다. 집주인은 그 유리를 통해 문

을 열지 않고 밖을 내다보는 것입니다.

우리가 경을 절반 정도 독송할 즈음이면 대략 다음과 같은 반응이 나타납니다.

"아이구! 우리 동자 스님들, 어서 오세요."

이러면서 쌀 한 바가지를 들고 나와 합장하며 발우에 담아줍니다. 게다가 밥 먹을 시간이라도 되었으면 들어오라고 해서 따뜻한 밥상까지 내어주는 경우가 있습니다. 그러면 우리는 그 집을 위해 정성껏 기도를 해 줍니다.

하지만 "우린 예수 믿어요!" 이러면서 냉정하게 쫓아내거나 욕설을 퍼붓는 사람도 있습니다. 그 때는 정말 눈물이 났습니다.

또 어떤 분은 아무런 반응도 없이 방 안에서 유리를 통해 밖을 살피기만 합니다. 그러면 우리는 마당에 토끼 두 마리를 그려놓고 그 옆에 불경 중 몇 글자를 아무렇게나 적습니다. 그리고 절을 한 뒤 뒤돌아 나옵니다. 그렇게 한 열 걸음 떼었을까? 집 안에서 누군가 맨발로 뛰어나오며 우리의 옷소매를 붙잡고 매달립니다.

"아이고 스님들, 잘못했습니다. 제발 저것 좀 지워주고 가세요!"

"다 시주님 복 받으시라고 해 놓은 것이니 염려 마세요." 하고는 웃고 돌아옵니다.

이렇게 탁발을 다니다 보면 사람들의 생김새만큼이나 다양한 마음의 쓰임새를 알게 되어 살아있는 인생 공부를 저절로 하게 됩니다.

그 당시에는 많이 부끄러웠지만 지금 생각해 보면 다시는 체험할 수 없는 소중한 경험이자 산 공부였습니다. 지금의 제가 존재하는 것은 바로 그 시절에 겪었던 공부가 밑바탕이 되었기 때문일 것입니다. 경험이야말로 가장 훌륭한 스승입니다. 그래서 스마트폰과 인터넷 게임에 빠진 요즘 세대들을 보면 걱정이 앞섭니다. 부모님들의 역할이 더 중요한 때입니다. 사람과 사람이 정으로 인연 맺고, 비록 가난했지만 행복했던 그 시절이 그리워집니다.

아낌 없는 사랑을
나누며 살자

나 이제 노을 길 밟으며 나 홀로 걷다가 뒤돌아보니

인생길 굽이마다 그리움만 고였어라

외롭고 고달픈 인생길이었지만 쓰라린 아픔 속에서도 산새는 울고

추운 겨울 눈밭 속에서도 동백꽃은 피었어라

나 슬픔 속에서도 살아갈 이유 있음은

나 아픔 속에서도 살아갈 이유 있음은

내 안에 가득 사랑이 내 안에 가득 노래가 있음이라

가수 이미자 씨가 노래 인생 60년을 회고하면서 부른 곡입니다.
'나 슬픔 속에서도 살아갈 이유 있음은 / 나 아픔 속에서도 살아갈
이유 있음은 / 내 안에 가득 사랑이 / 내 안에 가득 노래가 있음이
라.'라는 대목을 보면 대중가요의 가사가 때로 살아있는 법문이구나

싶은 생각이 들고는 합니다.

맥아더 장군의 기도문에 이런 구절이 있습니다. '언제 어디서나 사랑만큼 쉬운 길이 없고, 사랑만큼 아름다운 길이 없다는 걸 알고 늘 그 길을 택하게 하소서' 그렇습니다. 사랑만큼 쉬운 길이 없고, 사람만큼 아름다운 길이 없습니다. 그런데 그 사랑은 장난이 아니라 진실해야 헛되지 않습니다. 우리가 반야심경을 봉송할 때 '진실불허(眞實不虛), 진실함으로써 헛되지 아니하다'라는 말이 나옵니다. 뭐든지 진실해야 합니다.

일본에서 실제로 있었던 얘기라고 합니다.

어떤 사람이 자기 집을 수리하기 위해 벽을 허물었습니다. 일본 집의 벽은 소위 '오가베'라고 해서, 가운데 얼기설기 대고 또 양쪽에 흙을 발라서 만든 것으로서 속이 텅 비어 있습니다. 그런데 집수리를 위해 벽을 헐어보니 벽 속에 도마뱀 한 마리가 갇혀 있었습니다. 그 도마뱀은 그냥 갇힌 것이 아니라, 어쩌다가 밖에서 벽에 박은 긴 못에 긴 꼬리가 물려서 꼼짝도 못하고 갇혀 있었던 것입니다.

집주인은 그 도마뱀이 가엾기도 하고 호기심이 일어서 그 못을 자세히 살펴봤습니다. 그러다가 집주인은 깜짝 놀랐습니다. 그 못은 바로 10여 년 전 집을 지을 때 박은 못이었기 때문입니다. 그 도마뱀은 10년 동안이나 깜깜한 벽속에서 못이 박힌 채 갇혀 살고 있었던 것입니다. 깜깜한 벽속에서 10년을 살아온 것도 그렇고, 꼬리에 못이 박혀서 움직이지 못하면서 살아 있다는 것이 아주 놀라운 일이었습니다.

원래 도마뱀은 사람의 손에 꼬리가 잡히면 그 꼬리를 잘라버리고 도망치는 파충류입니다. 그런데 벽 속이 워낙 좁다보니 꼬리를 잘라낼 수도 없고, 마음대로 죽을 수도 없고, 도망갈 수도 없는 상황이라 꼬리가 박힌 그대로 살아 있었던 것입니다.

그래서 집주인은 벽 공사를 잠시 중단하고, 이 도마뱀이 과연 뭘 먹고 10년 동안이나 살고 있었을까 살펴보기로 했습니다. 그러다가 어디서 나타난 다른 도마뱀이 먹이를 물고 살금살금 기어오는 것을 발견했습니다. 집주인은 깜짝 놀랐습니다. 그 도마뱀이 어미인지, 아비인지, 부부인지, 형제인지는 알 수가 없었습니다.

어찌 되었든 그 도마뱀을 10년 동안 깜깜한 벽속에서 살린 것은 '사랑'이었습니다. 지극한 사랑, 눈물겨운 사랑이었습니다. 못에 박혀 있는 도마뱀을 위해 다른 도마뱀 한 마리가 10년이라는 긴 세월을 비가 오나 눈이 오나 먹이를 물어다가 먹인 것입니다. 집주인은 그 '사랑의 힘'에 커다란 감동을 받았습니다.

이 얼마나 아름답고, 또 우리를 부끄럽게 하는 이야기인지요. 도마뱀 보기도 부끄러운 삶을 살지는 않았는지 돌아볼 일입니다. 우리는 늘 입으로 사랑한다고 하면서 정말로 이런 사랑을 할 수 있는지, 한 번쯤 되새겨 볼 일입니다.

그리스의 시라쿠사 거리에는 동상이 하나 서 있습니다. 그런데 각지에서 온 관광객들은 이 동상의 모습을 보고 웃음을 터뜨린다고 합니다. 앞머리에는 머리숱이 충분히 무성한데 뒷머리는 대머리고, 발에 날개가 달려 있는 이 동상은 아주 우스꽝스러운 모습이라고 합니다. 하지만 그 밑에 쓰여 있는 글을 보고 많은 사람이 감명을 받고 깊은 생각에 잠긴다고 합니다. 그 글은 이렇습니다.

"앞머리가 무성한 이유는 사람들이 나를 보았을 때 쉽게 붙잡을 수 있게 하고, 뒷머리가 대머리인 이유는 내가 지나가면 사람들이 다시는 붙잡지 못하도록 하기 위함이고, 발에 날개가 달린 이유는 최대한 빨리 사라지기 위함이니, 그의 이름은 '기회'인 것이다."

　우리는 기회를 놓쳤다고 하면서 아쉬워할 때가 있습니다. 그것은 기회가 언제 다시 오는지 모르기 때문입니다. 하지만 기회가 언제 오든지 오늘 항상 최선을 다한다면 나에게 오는 기회를 놓치지 않게 됩니다. 그리고 그 기회는 모두 내 것이 되는 것입니다. 우리는 남에게 베풀 수 있고, 또 줄 수가 있습니다. 받는 것보다 주는 사랑이 더 거룩한 것입니다. 자기 가슴 속에 무한한 사랑을 간직하십시오. 그 사랑은 퍼내고 또 퍼내도 절대 마르지 않습니다. 다함이 없습니다. 어떤 사람은 그 사랑을 꺼내 쓰고, 어떤 사람은 그것을 아예 꺼내지도 않고 묻어두고 살다가 갑니다. 부디 여러분 가슴 속에 묻어두고 있는 사랑의 꽃을 활짝 피우시기 바랍니다.

'국화 옆에서'로 유명한 미당 서정주 시인은 젊은 시절 짝사랑한 여인이 있었다고 합니다. 그런데 그 여인은 미당을 버리고 다른 사람에게로 가고 말았습니다. 젊은 날 미당에게 그 여인은 삶의 모든 것이었기 때문에 미당의 상심은 매우 컸을 것입니다.

훗날 미당의 부인이 된 인연은 시인의 선친께서 직접 선을 보고 와서 맺어준 분입니다. 미당은 원래 짝사랑했던 상선(上善)보다는 아버지가 점지해 주신 차선(次善)을 선택할 수밖에 없었습니다.

그런데 세월이 흐르고 난 뒤, 미당을 버리고 갔던 그 여인은 그 후로도 남자를 둘씩이나 바꾸다가 결국 공산당을 따라 월북을 했다는 후문이 있습니다. 그 사실을 안 미당은 '만약에 내가 그 여인과 맺어졌더라면 아마 자신의 운명도 그렇게 됐을 것'이라는 생각에 다행

스럽게 여겼다고 합니다. 살다 보면 우리도 이같은 사례를 수없이 겪게 되지요. 어떤 일이건 꼭 그것만 고집하지 말고, ‘이것과 저것’을 동시에 살펴봐야 한다는 사실을 깨닫게 됩니다.

우리는 살아가면서 어떠한 일에 부딪힐 때마다 고민하고 갈등합니다. 이것만 보면 오직 이것만 생각할 뿐, 저것과 그것도 있다는 사실을 간과하고는 합니다. 어디에도 꼭 ‘이것만’이라는 최상선(最上善)은 없습니다.

우리나라가 IMF 체제로 들어섰을 때, 국내 대기업의 부회장까지 지낸 한 인사가 회사의 부도로 실직자가 된 후 호텔의 웨이터로 취직해 화제가 된 적이 있습니다. 이런 경우, ‘대기업 부회장까지 지낸 내가 어떻게 하찮은 웨이터가 될 수 있단 말인가? 체면이 있지. 굶어 죽더라도 그것만큼은 못하겠다’고 생각하는 것이 보편적일 것입니다. 하지만, 그 분은 과감히 ‘이것뿐이다’라는 생각을 떨쳐버린 겁니다. ‘그것일 수도 있고, 혹은 저것일 수도 있다’고 생각하며 웨이터 직에 투신함으로써 오히려 더욱 사랑과 존경을 받는 선배가 된 것입니다.

〈금강경〉에는 ‘응무소주 이생기심(應無所住 而生其心)’이라는 말이 나옵니다. ‘마땅히 그 마음을 쓰되 한 곳에 집착하는 바 없이 쓰라’는 말씀입니다. ‘과거에 내가 누구였는데…’라는 생각에만 얽매어 있으면 현실을 바로 인식하지 못한 채 파멸의 구덩이에 들어갈 뿐입니다.

옛 고인의 말씀에도 '산이 다하고 물이 다한 곳에 길이 끊어진 줄 알았더니 별유동천이 있더라'고 했습니다. '이것 아니면 안 된다'는 극단적인 생각을 버릴 때 저것과 그것의 또 다른 세계가 삶의 보람과 성공을 가져다준다는 사실을 깨달아야 합니다.

요즘 우리 젊은 세대들은 너무 쉽게 판단하고, 또 쉽게 포기하며 인생을 멀리 보지 못하는 경향이 있습니다. 그러면서 눈앞의 '이것'만이 전부인 걸로 압니다. 이러한 조급증과 편협한 처신들은 우리 사회 곳곳에서 많은 부작용으로 나타나고 있습니다. 이와 같은 조급주의와 한쪽으로만 치우친 극단적인 생각들은 속히 버려야 할 것입니다.

좀더 느긋하고 멀리 보는 안목으로, '마땅히 그 마음을 쓰되, 한쪽에 머무르는 바 없이' 인연에 따라 적극적으로 대처해 나간다면 실패 없는 인생을 살아갈 수 있습니다. 우리의 삶에는 '이것만이 아니라 저것과 그것도 있다'에 답이 들어 있습니다.

경남 남해에 보리암이라는 아름다운 암자가 있습니다. 동해 낙산사 홍련암, 서해 강화 보문사와 더불어 우리나라 3대 관음도량이라 일컬어집니다. 빼어난 경관과 수려한 산세에 관음보살의 진신이 상주하는 도량이라 전국 불자들의 발길이 끊이지 않는 곳입니다.

조선 개국조 태조 이성계도 이곳에 와서 백일기도를 하고 원력을 성취했다고 합니다. 전주 이씨 문중에서는 지금도 기도터에 비각을 지어 놓고 1년에 한 번씩 제사를 모시는데 다음과 같은 이야기가 전해오고 있습니다.

이성계가 건국의 큰 뜻을 품고 전국을 누비며 기도하던 때 발길이 보리암에 이르렀는데 절 입구에서 파자점(破字占)을 봐주는 한 노파를 만나게 되었습니다. 파자점이란 연통 속에 여러 글씨를 넣어놓고 대상자가 그 중 하나를 뽑으면 그 글씨를 가지고 점괘를 풀이해 주는 것입니다. 이성계는 점을 쳐보기로 하고 글씨를 하나 뽑았습니다. 그 글씨는 물을 '문(問)' 자였습니다.

노파가 해석하기를 '좌문우문(左門右門) 하니 걸인지상(乞人之像)'이라. 가운데 입(口)을 가지고 '왼쪽을 봐도 문이요, 오른쪽을 봐도 문이니, 밥 빌어먹을 거지 팔자'라고 풀이를 한 것입니다.

이성계는 아무 말 없이 보리암에 들어가서 백일 동안 구세원력(救世願力)의 기도를 잘 마쳤습니다. 하산하는 길에 또 그 노파를 만나게 되었는데, '이번에는 어떨까' 하는 마음으로 다시 점을 쳐보기로 했습니다. 글씨를 하나 뽑았는데 우연히도 똑같은 글씨가 나온 것입니다.

그런데 이번에는 그 점괘의 풀이가 180도 다르게 해석되었습니다. 비록 똑같은 글이나 이번에는 '좌군우군(左君右君)하니 군왕지상(君王之像)'이라고 나왔던 것입니다. 가운데 입 구(口) 자를 왼쪽에 붙여도 임금 '군(君)' 자요, 오른쪽에 붙여도 임금 '군(君)' 자니, 군왕의 팔자라는 것이었습니다.

이성계는 마음속으로 '내가 뜻을 이루면 가장 값진 보물인 비단으로 이 산을 모두 감싸 은혜에 보답하겠다'고 다짐했습니다. 그런데 조선을 개국하고 나서 약속을 지키려 하니 그 많은 비단을 구할 수도 없음은 물론, 비록 비단을 구해 산을 다 덮는다고 해도 세월이 가면 비단은 다 썩어 없어질 것 같았습니다.그래서 아예 산 이름에 비단

'금(錦)'자를 넣어서 금산(錦山)이라 명명했다고 합니다.

여기서 주목할 대목은 두 가지입니다.

첫째, 노파도 글씨도 이성계도 똑같은데 어째서 백일 전의 점괘와 백일 후의 점괘가 다르냐는 것입니다. 그것은 백일간의 마음 수양과 기도를 통해 이성계가 걸인의 모습을 군왕의 모습으로 바꾸는 원력을 성취했다는 것입니다.

둘째, 걸인지상도 군왕지상도 결국은 누구에 의해서가 아니라 내가 만들어 간다는 것입니다. 걸인의 모습을 군왕의 모습으로 바꾸는 것도 다름 아닌 번뇌에 찌든 마음을 맑고 향기로운 마음으로 바꾼 수행의 힘이며, 자신의 굳은 의지와 믿음이 있으면 부처님의 가피를 불러들인다는 점입니다.

이런 이유로 우리 선조들은 나라가 어지러울 때 나라의 안위를 빌며 절을 지었고, 겨레의 밝은 미래를 위해 절 이름도 흥국사, 불국사, 호국사, 봉국사, 봉은사 등으로 작명했습니다.

하지만 원래 불교는 이러한 겉모습의 법당보다는 온 우주를 법당으로 삼고 우리 삶의 자리를 바로 수행의 터전으로 삼습니다. '보리(菩提)'란 깨달음을 뜻하는 말입니다. 그러므로 보리암은 이러한 깨달음을 얻게 해주는 터전이라는 것입니다.

불교에서는 우리가 사는 세상을 오탁세(五濁世)라고 합니다.

1. 겁탁(劫濁) : 불확실성이 지배하는 시대
2. 견탁(見濁) : 서로의 견해가 흐린 시대
3. 명탁(命濁) : 생명경시 사상이 만연하는 시대
4. 번뇌탁(煩惱濁) : 걱정과 근심이 난무하는 시대
5. 중생탁(衆生濁) : 인간성 상실의 시대

이러한 오탁의 흐린 생각들은 우리들의 모습을 걸인지상의 모습으로 만들 뿐입니다. 그러나 밝은 웃음과 청정하고 자비로운 마음은 바로 군왕지상을 지향합니다.

사사불공(事事佛供)이면 처처불상(處處佛像)이요.
염염(念念)이 보리심(菩提心)이면 처처(處處)가 안락국(安樂國)이라.

일마다 불공하듯 하면 그 곳에 부처가 있고,
생각이 깨어있는 사람은 어느 곳에서나 즐겁다.

보리암은 남해 금산에만 있는 것이 아닙니다. 우리가 서 있는 이 곳이 바로 법당이요, 깨달음의 터전인 것입니다. 걸인지상은 중생심(衆生心)이요, 군왕지상은 진여심(眞如心)입니다. 여러분은 지금 걸인지상인가요, 군왕지상인가요? 바로 발밑을 살펴보시기 바랍니다.

먼 옛날 어느 별에서 내가 세상에 나올 때
사랑을 주고 오라는 작은 음성 하나 들었지
사랑을 할 때만 피는 꽃 백만 송이 피워오라는
진실한 사랑을 할 때만 피어나는 사랑의 장미

미워하는 미워하는 미워하는 마음 없이
아낌없이 아낌없이 사랑을 주기만 할 때
백만 송이 백만 송이 백만 송이 꽃은 피고
그립고 아름다운 내 별나라로 갈 수 있다네

진실한 사랑은 뭔가 괴로운 눈물 흘렸네
헤어져간 사람 많았던 너무나 슬픈 세상이었기에

수많은 세월 흐른 뒤 자기의 생명까지 모두 다 준
빛처럼 홀연히 나타난 그런 사랑 나는 알았네

이젠 모두가 떠날 지라도 그러나 사랑은 계속될 거야
저 별에서 날 찾아온 그토록 기다리던 인내
그대와 나 함께라면 더욱 더 많은 꽃을 피우고
하나가 된 우리는 영원한 저 별로 돌아가리라
— 심수봉의 노래 '백만 송이 장미'

서양사람들은 동화나 설화에서 아기가 별에서 왔다고들 합니다. 동방박사들도 별을 보고 예수님을 찾아 마굿간으로 오게 되고, 아이들은 하늘의 별자리를 보면서 '내가 어느 별자리에서 태어났나' 궁금해 합니다. 또 동양에서도 아기를 '북두칠성님이 점지해주셨다'고 해서 여인들은 칠성님 전에 실타래를 놓고 아기가 오래오래 살게 해달라고 기원합니다.

정말 우리는 수백억 광년 떨어진 저 별에서 왔을까요? 과학자들도 인간이 별에서 왔다고는 합니다. 어찌 되었든 그 사랑의 꽃 백만 송이를 피웠을 때, 즉 백만 명에게 내가 사랑을 줬을 때 우리는 인간의 몸을 가지고 이 세상에 온 자기 책임을 다한 것입니다. 그래야만 다시 왔던 그 곳으로 돌아갈 수가 있습니다. 아마도 그 사랑의 꽃을 피우지 못한 사람은 돌아갈 수 없을 것입니다.

그런데 살다보면 우리는 백만 송이는커녕 스무 송이도 못 피웁니다. 내가 정말로 진실한 사랑을 주는 사람이 몇 명이나 되는지 한 번 헤아려 볼 일입니다.

삶에 있어서 한 경계를 긋고 이승과 저승이라고 합니다. 이 경계를 죽음이라고 하는데, 우리 중생들은 이 경계를 건너는 것을 모두 두려워합니다. 이 두려움에서 벗어나려면 해탈해야 하고, 열반을 증득해야 하며, 그러한 경지에 이르려면 수행을 해야 합니다. 수행은 잠을 줄이고, 밥을 줄이고, 말을 줄이면서 바라밀 수행을 하는 것입니다. 모든 사람이 이승에서 저승으로, 그리고 다음 세계로 가는 데는 죽음에 대한 공포심이 자리하고 있습니다. 당연히 그 순간에 우리는 생천(生天), 즉 좋은 곳으로 가기를 희망합니다.

그렇다면 무엇 때문에 공포심이 더할까요? 그것은 바로 아집(我執) 때문입니다. 돈, 명예, 자식 등에 대한 아집입니다. 이 아집을 떨치기 위해서 지계(持戒)와 보시(布施)를 행해야 합니다. 지계를 행하면 두려움이 없어지기 때문입니다.

오계의 불살생은 남의 생명을 중요하게 여기라는 것이며, 불투도는 남의 귀한 것을 탐내지 말라는 것이며, 불사음은 순수한 삶을 영위하라는 것이며, 불망언은 진실한 삶을 살라는 것이고, 불음주는 자신을 지키라는 것입니다.

또 보시는 아집을 떨치는 수행입니다. 나에게 귀한 것을 남에게 주는 것을 보시라고 합니다. 나에게 필요 없는 것을 남에게 주는 것은 보시가 아닙니다. 보시는 기쁜 마음으로 내가 직접 주는 것입니다.

'백만 송이 장미'의 가사처럼 사랑의 꽃 백만 송이를 피울 수 있도록 사랑을 하고, 진실한 사랑을 할 때만 피어나는 꽃을 피우기 위해 미워하는 마음 없이 사랑을 하고 아낌없이 주어야 아름다운 별나라로 갈 수 있습니다. 이를 두고 생천(生天), 즉 승천(昇天)한다고 합니다.

어느 스님의 이야기를 전해드리겠습니다.

소년이 손에 새 한 마리를 들고 와서 묻습니다.

"이 새가 살았습니까, 죽었습니까?"

살아있는 새인지, 죽은 새인지를 모르는 스님은 한참 후에 이렇게 대답을 했습니다.

"그건 네 손에 달렸다."

"어떻게 아셨습니까?"

소년은 의아해 했습니다.

"살았다면 네가 죽일 것이요, 죽었다면 그냥 둘 것이 아닌가?"

스님은 옅은 미소를 지었습니다.

"어제 저녁 어머니가 점을 보았는데, 제 운명이 엉망이라고 합니다. 어떻게 하면 좋을까요?"

소년은 스님에게 점 본 이야기를 소상히 말씀드렸습니다.

스님은 소년의 손을 잡고 손금을 봐주었습니다.

“이 선은 운명의 선이고, 이 선은 재물, 이건 명예의 선이고…”

그러더니 “자, 주먹을 쥐어 보라.”고 하셨습니다. 그리고 소년에게 물었습니다.

“너의 생명, 재산과 명예가 어디 있느냐?”

“제 손 안에 있습니다.”

소년은 밝은 목소리로 대답했습니다.

“그렇다. 자기 운명은 자기 손 안에 있는 것이다.”

그러면서 스님은 소년에게 “이제 다른 사람에게 끌려 다니지 마라.”고 했답니다.

그렇습니다. 운명은 바로 우리 손 안에 있습니다. 그렇기 때문에 운명을 방치하면 안되고 스스로 개척해야 하는 것입니다. 여러분 모두 백만 송이 꽃을 피우고 인생을 회향(廻向)하시기를 바랍니다.

참된 수행자의 본분

하동 지리산 쌍계사 칠불암에는 유명한 아자(亞字) 선방(禪房)이 있습니다. 어느 날 새로 부임한 군수가 관내 시찰을 위해 칠불암에 들러 암자를 둘러보다가 아자방 앞에 발길이 머물렀습니다.

"이 방은 무슨 방입니까?"

"예, 이곳은 지금 스님들이 한창 수행하고 있는 방입니다."

지객스님이 설명을 해주셨습니다.

군수가 궁금해서 열어보고자 했으나 마침 점심 직후 한창 오수(午睡)에 젖어 있을 시간이라 안내하는 스님이 만류했습니다. 그러나 군수는 끝내 방문을 열어보고야 말았습니다.

그런데 이게 웬일입니까! 수행을 한다던 스님들이 한창 낮잠을 자고 있는 것이었습니다.

　　관으로 돌아온 군수는 스님들을 혼내줄 생각으로 칠불암 주지 앞으로 편지를 보냈습니다. "칠불에는 수행 도인이 많으니 나무로 말을 깎아 타고 와 보십시오."

　　그런데 약속한 날 군수 앞에 나타난 건 스님이 아닌 어린 동자승이었습니다. 동자승은 "스님들은 수행중이라 대신 왔다."고 말하며 군수의 질문에 막힘없이 대답을 했습니다.

　　"열심히 수행한다던 스님들이 고개를 하늘로 쳐들고 졸고 있는 이유는 뭐냐?"

　　"예, 무릇 수행자는 상통천문(上通天文)하고 하달지리(下達地理)해야 합니다. 하늘의 무량한 별들을 관하는 공부로 앙천성숙관(仰天星宿觀)이라고 합니다."

"그럼, 고개를 떨어뜨리고 졸고 있는 이유는?"

"그것은 지하망명관(地下亡命觀)이라고 합니다. 지옥 중생을 어떻게 제도할까를 살피는 공부입니다."

"그럼, 고개를 양 옆으로 흔들며 졸고 있는 것은?"

"예, 그것은 춘풍양류관(春風楊柳觀)이라고 합니다. 무릇 수행자는 생사유무(生死有無)에 걸리지 않아야 하는 바, 봄바람에 휘날리는 버들잎처럼 이쪽저쪽에도 걸리지 않는 공부입니다."

"그렇다면, 방귀를 뀌면서 졸고 있는 것은?"

"예, 그것은 타파칠통관(打破漆桶觀)이라고 합니다. 사또와 같이 앞뒤가 꽉 막힌 어리석은 중생을 깨우쳐주는 공부입니다."

말을 마친 동자승은 목마에 올라타고 동헌을 세 바퀴 돈 뒤 칠불암 쪽으로 사라졌습니다. 그날 이후 군수는 자신의 잘못된 마음을 참회하고, 칠불암 스님들의 수행 환경을 잘 외호했다고 합니다.

칠불암 동자승의 위트 있는 명답에 선기(禪氣)가 번득이듯, 수행자의 행(行), 주(住), 좌(座), 와(臥)는 모두 본분사를 벗어나지 않습니다. 가끔 법회 때 졸고 있는 병사를 보면, '부디 졸더라도 정신만큼은 본분사에 충실해야 할 텐데'라는 생각을 합니다. 언제 어떤 자리에서 무슨 일을 하든지 자신의 본분사를 망각해서는 안 되겠습니다.

부처를 마음에 품다

선도 악도
한순간의 마음

부활절은 예수님께서 부활하신 날입니다. 요한복음 4장 6절에서는, '나는 길이요 진리요 생명이요 부활이니라! 나를 통하지 않고는 아무도 아버지에게 갈 수가 없다.'고 합니다. 그래서 기독교는 부활의 종교라고 일컫는지도 모릅니다.

물론 기독교적인 해석이 따로 있을 것입니다. 하지만 저는 모든 종교의 표현은 '비유와 은유'라고 생각합니다. 비유라 함은 그 의미가 드러내는 말의 뜻을 읽어야지, 말에 걸려서는 안 됩니다.

'예수님께서 인류의 죄를 지고 십자가에 못 박혀 3일만에 부활하셨다!' 기독교에서는 이것을 믿으라고 합니다. 그런데 과학적인 상식으로 볼 때, 죽은 사람이 3일만에 부활한다는 것을 어떻게 받아들여야 할까요? 쉽게 받아들이기 어려운 사실입니다. 물질로 이루어진

이 육신은 반드시 멸하게 되어 있기 때문입니다.

생자필멸(生者必滅)입니다. 생자는 반드시 멸하게 되어 있고, 생로병사의 과정을 거치며, 이 우주도 성주괴공(成住壞空)의 과정을 거치는 것이 진리입니다.

‘나는 길이요 진리요 생명이니라’고 한다면, 예수님의 몸체는 무엇으로 이루어졌을까요? 아마도 육신의 몸을 말하는 것은 아닐 것입니다. 모든 사람은 자신이 남의 죄를 대신하기를 싫어합니다. “내가 네 죄를 대신해서 짊어지겠어.”라고 말하는 사람이 얼마나 있겠습니까? 거의 없을 것입니다. 그런데 ‘예수님께서 인류의 죄를 대신해서 십자가에 못 박혔다!’ 이건 정말 성인이 아니고는 도저히 할 수 없는 일입니다.

수고하고 무거운 짐진 자들아, 다 내게로 오라! 내가 너희를 쉬게 하리라
　　　　　　　　　　　　　　　　　　— 〈마태복음 11장 28절〉
나는 마음이 온유하고 겸손하니 나의 멍에를 메고 내게 배우라
그리하면 너희 마음이 쉼을 얻으리니….
　　　　　　　　　　　　　　　　　　— 〈마태복음 11장 29절〉
내 멍에는 쉽고 내 짐은 가벼움이라 하시니라
　　　　　　　　　　　　　　　　　　— 〈마태복음 11장 30절〉

저는 군종 목사님들과 얘기를 할 때면 성경 얘기를 많이 나눕니

다. 하루는 제 사무실에 목사님이 찾아왔습니다. 그래서 제가 이렇게 인사를 했습니다.

"저는 조계종 목사입니다."

그랬더니 그 목사님이 깜짝 놀라 서로 웃고 말았습니다. 아무튼 목사님과 이야기하며 즐거움을 나눈 일화가 적잖이 있습니다.

해마다 12월이 되면 길거리에 구세군 냄비가 등장합니다. 그런데 그 옆에서 한 스님이 시주함을 놓고 '나무아미타불~ 나무아미타불~' 하면서 모금을 하고 있었답니다. 이를 지켜본 구세군 입장에서는 이 스님의 모습이 눈엣 가시처럼 느껴졌을 것입니다. 좀 멀찍이 떨어져서 하면 좋으련만, 바로 옆에서 '나무아미타불~ 나무아미타불~' 하면서 목탁을 치고 있으니 얼마나 속이 타들어 갔겠습니까? 게다가 길을 지나가던 불자들이 시주함에 돈을 집어넣었다고 합니다. 겉으로는 태연한 척 하면서도 속으로 '죽일 놈~ 죽일 놈~' 하면서 기분이 무척 안 좋았을 것입니다.

그런데 놀라운 일이 벌어졌습니다. 오후가 되니 그 스님이 자리를 털고 일어나서 자기 시주함에 있던 돈을 모두 꺼내 구세군 냄비에다 집어넣고 가시더라는 겁니다. 그때서야 그 구세군은 자신의 부끄러운 생각에 얼굴이 화끈거렸다고 합니다. 스님의 참뜻을 모르고 욕하며 증오를 했으니, 감사한 마음보다는 부끄러운 마음이 앞섰을 것입니다.

어느 양식 있는 기독교인이 인터넷에 올렸다는 다음 글을 보면 저절로 웃음이 나옵니다.

"청년 회원들이 목사님과 함께 산으로 수련회를 갔습니다. 그런데 비가 많아 와서 잠시 비를 피할 곳을 찾는데, 산 속에는 절밖에 없었습니다. 할 수 없이 스님께 찾아가 부탁을 하니 다행히도 스님께서 흔쾌히 허락을 했습니다. 그래서 절에 들어가 비를 피할 수 있었죠. 그러나 비가 계속 내려 도저히 산을 내려갈 수가 없었습니다.

점심때가 되어 배가 고프기 시작했습니다. 우리는 염치없게도 스님께 점심 이야기를 했습니다. 그런데 스님께서는 우리가 교회 청년 회원들인 줄 알면서도 정성껏 밥을 해 주셨습니다. 우리는 한술 더 떠서, 여기서 찬송가 좀 부르겠다고 했습니다. 스님께서는 또 흔쾌히 허락했습니다."

우리 속담에 이런 말이 있습니다. '바깥 방 내주니 안방까지 내놓으라고 한다.' 보통 사람들 같으면 어떻게 했을까요? 과연 기독교인들이라면 그렇게 할 수 있었을까요? 스님들이 교회에 가서 비를 피할 수는 있을 것입니다. 그러나 스님들이 교회에서 "목탁 좀 치고 가겠습니다."라고 하면 과연 허락을 하겠습니까? 이게 바로 우리 불교의 더 큰 관용정신이라고 할 수 있습니다.

그런데 '나는 길이요 진리요 생명이요 부활이니라'라고 했을 때 예수님께서 '길이요 진리요 생명'으로써 우리에게 보여준 것은 믿음

과 사랑과 소망이라고 합니다. 그렇다면 예수님께서 부활·영생하신
다고 한 것은 믿음과 사랑과 소망의 마음까지 부활되어야 하지 않겠
습니까?

우리들 마음속에서 '믿음'이라고 하는 것은 '신뢰'를 말합니다.
신뢰가 있어야 모든 일이 이루어지기 때문입니다. 그리고 신뢰가 있
어야 희망이 생기고 소망이 생깁니다. 그 신뢰와 소망을 이루려면
'사랑'이 필요합니다. 우리는 많은 사람들과 서로 믿고 사랑하지만
금세 헤어지기도 합니다. 유명인들의 이혼도 그렇지요. 그것은 믿음
이 소멸되고 사랑이 없어졌기 때문입니다. '지금 이 순간! 우리는 서

로 사랑하고 있는가? 서로 믿고 있는가? 서로 소망하고 있는가?' 이게 바로 제가 받아들이는 부활의 의미인 것입니다.

예수님께서 말씀하신 '길이요 진리요 생명'이라는 것은 육신의 나를 통해서가 아니라, 예수님이 남긴 그 진리의 말씀을 통해서 서로 믿고 신뢰를 회복하고 사랑하는 마음이 충만할 때 영생을 얻는다는 의미인 것입니다. 그것이 영원히 사는 몸이라고 할 수 있을 것입니다.

어느 날 정말 사랑하는 외아들을 잃은 어머니가 부처님을 찾아와 외아들을 살려달라고 애원합니다. 그 때 부처님께서는 "내가 살려주지. 그런데 조건이 하나 있다. 저 마을에 사람이 한 번도 죽지 않는 집에 가서 불씨를 하나 구해 오너라. 그러면 내가 네 아들을 살려주겠다."고 하셨습니다.

집집마다 다녀보지만 사람이 죽지 않은 집이 어디 있겠습니까? 한 집도 없었습니다. 그 어머니는 스스로 깨닫게 됩니다. '아! 사람은 태어나면 죽게 되는구나.'

부처님께서는 무엇을 가르쳐주려고 하신 건가요? 첫째 스스로 무상함을 깨닫고, 둘째 죽음을 받아들이고, 셋째 아들을 살려 달라고 애원하는 그 어머니의 마음 속에서 무거운 집착이 사라지기를 바란 것입니다. 집착으로부터 벗어나야 된다는 것입니다.

일수사견(一水四見)이라는 말이 있습니다. 같은 물을 보더라도 보는 이의 입장에 따라 달라진다는 것입니다. 사람은 누구나 물을 보면 마신다거나 즐긴다는 생각을 합니다. 그러나 천상에 사는 존재들은 물을 보석처럼 봅니다. 물은 햇빛에 반사되어 아름답게 반짝이기 때문입니다. 반면 지옥중생은 물을 피고름으로 봅니다. 또 물고기에게 물은 그냥 사는 집이고 운동장일 따름입니다.

이것은 개개인이 처해 있는 입장에 따라 견해가 달라지고, 어떻게 받아들이느냐에 따라 차이가 난다는 얘깁니다. 다시 말해, 이 세상의 모든 것은 그 선악의 실천 여부가 한 순간의 마음먹기에 달려 있다는 것입니다. 부처님이든 예수님이든 그 분들의 고귀한 삶과 가르침을 마음에 새기며 모든 사람이 밝은 지혜의 눈을 뜨길 바랍니다.

우리는 모두
여래의 씨앗

크리스마스는 예수께서 탄생하신 날입니다. 크리스는 그리스도를 뜻하고, 마스는 미사를 뜻한다고 합니다. 그래서 예수님께 미사를 드리는 날이 크리스마스라고 합니다. 예수님께서 이 세상에 오신 날이기 때문에 예수 그리스도께서 태어나신 것을 기뻐하고 경배하다는 뜻입니다. 우리는 친한 친구가 생일을 맞으면 축하를 해 줍니다. 하물며 인류의 죄를 대신해서 이 땅에 오신 예수님의 탄생일을 맞이해서 축하해주는 것은 지극히 당연한 일입니다.

불교는 큰 마음으로 사찰 담벼락에 '아기 예수님의 사랑이 온 누리에, 예수님 오신 날을 축하합니다'라는 현수막을 붙여놓기도 합니다. 법회가 없는 크리스마스 저녁이면 저는 성당에 가서 저녁 미사에 처음부터 끝까지 참석하고는 합니다.

우리는 예수님이 이 땅에 오신 것을 다 같이 축하하고 축복해야 됩니다. 예수님과 부처님은 모두 평생 죄 사함과 용서를 말씀하셨습니다. 한 번도 원수를 갖거나 미워하거나 편을 가르라고 가르치지 않았습니다. 예수님은 그렇게 가르치지 않았는데, 예수님 말씀을 따르는 일부 잘못된 사람들이 편을 가르거나 불자들을 사탄으로 대하는 경우가 종종 있습니다.

요즘은 많이 없어졌지만 서울역에 가면 띠를 두른 사람들이 다가와서 "하루 속히 법복을 벗고 사탄의 굴레를 벗어나서 빨리 예수님의 품 안으로 돌아오세요."라고 간절하게 이야기합니다. 그것으로도 부족한지 심지어 성경책을 펴주면서 막 읽어줍니다.

제가 논리적으로 파고들면 그 분들에게 지겠습니까? 그렇지만 그 분들은 훈련받고 온 분들이라, 핍박을 받을수록 천국에 더 가까워진다고 생각하는 사람들입니다. 그렇기 때문에 제가 이론으로 따져들면 오히려 그 분들은 천국이 더 가까이 있다고 생각할 것입니다. 또 그 분들은 상대방의 얘기는 절대로 듣지를 않습니다. 오직 자기 얘기만 합니다. 그러니 그 분들과의 대화는 애초부터 성사되지를 않습니다. 그래도 그 중에 양심이 있는 기독교인들이 와서 길을 터주고는 합니다. 저 뿐만 아니라 많은 스님들이 서울역에서 이러한 고초를 당하고는 합니다.

어떤 스님께서 서울역에 갔을 때의 일입니다. 한 아주머니가 다가오더니 턱 껴안고 갑자기 울기 시작했다는 것입니다. 여성이 스님을 안았으니 얼마나 그림이 좋습니까? 그러니 순식간에 사람들이 주변에 모여들기 시작했습니다.

"아니, 아주머니 왜 그러세요?"

스님이 굉장히 당황하며 물었답니다.

"스님, 불상을 모시고 있죠?"

아주머니가 통곡을 하는 척 하면서 스님에게 묻습니다.

"아! 제가 스님이니 당연히 불상을 모시고 있죠!"

스님은 정말 어이가 없었다고 합니다.

이때 아주머니가 대답했습니다.

"스님이 불상을 모시고 있으니 불쌍해서 울었어요."

그 순간 스님이 아주머니를 내려다보니 띠를 두르고 있는데, '예수천국 불신지옥'이라는 글씨가 씌어져 있더랍니다.

이번에는 지혜가 충만한 스님이 갑자기 아주머니를 껴안고 울기 시작했습니다. 연속극처럼 점입가경입니다. 스님이 젊은 아주머니를 껴안고 있으니 사람들은 모두 넋을 잃고 쳐다봤답니다.

"아니 스님, 왜 그러세요?"

이번에는 아주머니가 당황했습니다.

스님도 한참 통곡을 하는 척하다가 이렇게 말을 했답니다.

"저는 출가해서 이 나이까지 살아오면서 남을 위해 한 번도 울어본 적이 없습니다. 그런데 오늘 생면부지인 아주머니가 저를 위해 불쌍한 마음을 내서 울어 주니 제가 무척이나 감동해서 울었습니다."

그리고 아주머니를 향해 이렇게 말했답니다.

"아주머니, '예스, 예스' 하면 예수님의 마음이 됩니다. '그려, 그려' 하면 그리스도의 마음이 됩니다. 아주머니가 저를 바라보고서 '예수천국 불신지옥'을 외칠 것이 아니라, '예스, 예스' 하며 나를 스님으로 인정을 해주고, '그려, 그려' 하고 존중을 해주면 나는 그 속에서 예수 그리스도의 모습을 보게 될 것입니다."

이 아주머니는 스님을 전도하려 했다가 반대로 감화되어 지금까지 20년 넘게 스님을 따라 다니며 시봉하는 공양주가 되었답니다. 우리가 살아가면서 상호 인정과 존중으로 배려할 때, 거기서 진짜 예수님의 사랑이 나오는 것입니다.

"하느님을 사랑한다고 하면서 자기 형제를 미워하는 사람은 거짓말쟁이입니다. 보이는 자기 형제를 사랑하지 않는 사람이 어떻게 보이지 않는 하느님을 사랑할 수 있겠습니까? 아직까지 하느님을 본 사람은 아무도 없습니다. 그러나 우리가 서로 사랑한다면 하느님은 우리 안에 계시고, 또 하느님의 사랑이 우리 안에서 완성될 것입니다."
— 〈요한복음 4장 12절〉

긍정하고 인정해줄 때 거기서 예수 그리스도의 모습을 볼 수가 있다니 이 얼마나 멋진 말입니까?

마하트마 간디는 이런 말을 했습니다.

"종교는 하나에 이르는 개별적인 길이다. 종교는 가지가 무성한 한 그루 나뭇가지로 보면 그 수가 많지만, 줄기로 보면 하나일 뿐이다."

어느 기자가 달라이라마 존자께 물었답니다.

"달라이라마 존자께서는 종교가 무엇입니까? 달라이라마 존자가 섬기는 부처는 무엇입니까?"

달라이라마 존자께서 이렇게 대답했습니다.

"나의 종교는 자비이고, 나의 부처는 친절입니다."

부처님의 자비가 아무리 위대하고 거룩하다고 할지라도, 하느님의 사랑이 아무리 위대하고 거룩하다고 할지라도 친절하지 않다면, 나의 신·구·의 삼업이 친절하지 않고 가까이 있는 사람을 사랑하지 않는다면 모두 다 헛되고, 헛되고, 또 헛된 일입니다. 가까이 있는 분들 모두 '미완의 여래'인 것이니 거기서 부처의 모습이 나올 것입니다.

깨어 있는 마음이 선(禪)

여러분은 "불교란 무엇입니까?" 하는 질문을 받았을 때 어떻게 답하십니까? 일반적으로 삼보가 어떻고, 사성제와 팔정도가 어떻고 하며 설명하기 시작하지요. 그러면 상대방은 "그런 교과서적인 이야기 말고 뭐 없나요?"라고 얘기를 합니다.

이러한 경우 어떻게 그 사람들을 멋지게 설득할 수 있을까요? 어른스님들께서는 지혜로써 그 사람을 제압해야 한다고 말씀하십니다.

선어록에 남아 있는 조사스님들의 대답은 매우 달랐습니다.

"나에게 불법이 뭐냐고 물어봐라."

"스님, 도대체 불법이 무엇입니까?"

"발바닥 밑에 털이 석 자니라."

이렇게 대답을 하셨답니다.

불교가 뭐냐고 물었는데 '발바닥 밑에 털이 석 자'라고 대답을
한 것입니다. 당연히 그들이 무슨 뜻인지 알아들을 리가 없습니다.

"야, 이 놈아! 그것도 모르고 불교가 뭐냐고 물어보냐?"

오히려 이렇게 혼쭐을 내십니다.

이러니 상대방은 "그러네요." 하며 꼬리를 내릴 수밖에 없는 것
입니다. 그래서 큰스님께서는 말씀하십니다.

"선(禪)이라는 것은 이와 같이 격외(格外)의 도리(道理)다."

또, 어떤 큰스님께서 제자들을 모아놓고 이렇게 물었습니다.

"다들 모였느냐? 너희들 얼마나 공부가 됐는지 오늘 한 번 알아보겠다. 어린 새 한 마리가 있었느니라. 그것을 절에서 병에 넣어 길렀느니라. 그런데 이것이 자라서 병 입구로는 꺼낼 수 없게 됐다. 그냥 놔두면 새가 더 커져서 죽게 될 것이고, 병도 깰 수 없느니라. 자, 말해 봐라. 새도 살리고 병도 깨지 않는 방법을 말해야 되느니라. 너희들이 늦게 말하면 늦게 말할수록 새는 빨리 죽게 되나니 빨리 말해 보거라. 너희들의 지혜를 한번 드러내 보거라!"

제자 가운데 한 사람이 손을 들고 일어나 이렇게 말했습니다.

"새를 죽이든지, 병을 깨든지 한 가지 방법밖에 없습니다."

큰스님께서 호통을 치시며 이렇게 말씀하셨습니다.

"야, 이 놈아! 그런 소리를 들으려고 너에게 화두를 냈더냐?"

또 한 제자가 일어나 말했습니다.

"새는 삶과 죽음의 세계를 넘어 피안의 세계로 날아갔습니다."

참 그럴싸한 대답입니다.

"제 정신이 아니구나. 쯧쯧."

큰스님께서 혀를 내두르셨습니다.

그러자 세 번째 제자가 말했습니다.

"병도, 새도, 삶도, 죽음도 순간에 나서 찰나에 사라집니다."

이에 큰스님께서 말씀하셨습니다.

"네 놈도 썩 사라져라! 나무아미타불."

또 한 명의 제자가 나섰습니다.

"공간에서 유클리드 기하학이… 3차원 벡터가 한 점을 지나….”

"귀신 씨나락 까먹는 소리하고 자빠졌네. 앵무새 같은 놈!”

스님께서 또 제자를 나무라셨습니다.

이에 한 제자가 다시 말을 꺼냈습니다.

"새는 병 안에도 있지 않고, 병 밖에도 있지 않습니다.”

"뜬구름 잡는 소리하고 자빠졌구나!”

큰스님께서 다시 호통을 쳤습니다.

그러자 제자들이 이구동성으로 말했습니다.

"큰스님, 저희들 머리로는 도저히 모르겠습니다. 해답이 있기는 한 것입니까? 가르쳐 주십시오.”

큰스님께서는 이렇게 답을 하셨습니다.

"에이, 미련한 것들! 가위로 자르면 되느니라.”

제자들 모두 어리둥절한 표정을 지었습니다.

이때 큰스님의 말씀 한마디,

"그것은 페트 병이었느니라!”

큰스님의 가르침은, 선이라고 하는 것은 머리 굴려서 되는 것이 아니라는 것입니다. 즉 죽은 말은 필요가 없다, 살아 있어야 된다는 뜻입니다. 진리를 행한다고 하는 것은 살아 있는 바로 이 자리에서 살아 있는 말을 듣고자 하는 것이지, 죽은 말을 듣고자 하는 것이 아님니다.

따라서 우리가 아무개 스님이 어떻다고 말하는 것, 또는 옛날 스님들의 행적을 꺼내서 비유를 들어 '어떻다'고 설명을 하는 것은 선이 아닙니다. 신행생활도 마찬가지인 것입니다. 절에 30~40년 다녔다고 하는 것이 중요한 게 아닙니다. 나의 의식이 지금 얼마나 깨어 있느냐 하는 것이 중요합니다.

삼보는
자유, 평등, 평화

불교의 상징인 '만(卍)' 자는 태양을 형상화한 것입니다. 불교에는
삼신설(三身說)이 있습니다. 바로 법신 · 보신 · 화신입니다. 법신을 비
로자나, 즉 태양(大日)이라고 하는데 원어로는 바이로차나, 즉 대일여
래 법신불을 상징하고 있습니다. 그래서 비로자나 부처님을 모신 법
당은 대웅전이 아닌 대적광전, 또는 대광명전이라고 합니다.

대웅전(大雄殿)은 부처님을 세상에 큰 영웅으로 모신 전각이라는
의미에서 대웅전이라고 합니다. 대웅전에는 석가모니 부처님을 본존
불로 모시고 있고, 좌우에는 문수 · 보현보살이 협시를 하고 있습니다.
태양은 두 가지 성품을 가지고 있습니다. 바로 빛과 열입니다.
빛은 부처님의 지혜를 상징하고, 열은 부처님의 자비를 상징합니다.

부처님을 '지혜와 자비를 구족하고 계신 분'이라고 해서 양족존(兩足尊)이라고 합니다. 옛날 스님들은 삼귀의를 '귀의불 양족존'이라고 했습니다. '지혜와 자비가 구족한 부처님께 돌아가 의지하겠습니다.'라는 뜻입니다. 이것을 인도에서는 '만(卍)' 자로 표현했습니다.

태양의 빛은 직선으로 가는 것이 아니고 곡선으로 갑니다. 태양이 곡선으로 가는 모습을 형상화한 것이 바로 '만(卍)' 자입니다. 이것을 큰 줄기로 말하면 '지혜와 자비', '빛과 열'을 의미하는 것입니다. 인도어로 하면 '스바스띠까(SVASTIKA)'라고 해서 '행운'을 상징합니다. 즉 '길상여의(吉祥如意), 모든 일이 순조롭게 풀린다는 의미입니다. 그러니까 '만(卍)' 자 목걸이나 반지를 하는 것은 '나의 삶이 지혜와 자비가 충만하고 길상여의하기를 발원한다.'는 의미를 담고 있습니다.

그런데 만(卍)' 자 모양이 영어 이니셜 'L' 자가 네 개 붙어 있다 보니 두고 다음과 같이 설명하기도 합니다.

Love는 부처님의 자비, Light는 밝은 지혜, Life는 인생의 활기, Liberty는 걸림 없는 자유로 풀이합니다. 이처럼 우리의 삶이 항상 사랑과 지혜와 활기가 넘치고, 생각과 행동에 걸림이 없기를 바라는 의미의 '만(卍)' 자입니다.

부처님은 걸림이 없는 무애자재(無碍自在)한 분이라고 합니다. '관자재보살'에도 '자재'가 들어가는데 자재는 걸림이 없이 스스로 존재하는 것입니다. 그 말은 곧 '내가 하는 행동에 있어서 걸림이 없다'는 것을 의미합니다. 생각도 걸림이 없고, 행동도 걸림이 없고, 내가 말하는 것도 걸림이 없어야 됩니다. 떳떳한 사람은 그 말과 행동에 걸림이 없습니다. 신(身)·구(口)·의(意) 삼업이 떳떳하지 못하면 걸림이 있는 것입니다.

불교의 모든 의식은 삼귀의로 시작해서 사홍서원으로 끝납니다. 늘 강조하는 말이지만 불자들은 세 가지 보배에 귀의해야 합니다. 부처님, 부처님의 가르침, 그 가르침을 일러 주시는 스님들을 보배로 삼는다는 의미입니다. 좀더 풀이하면 다음과 같습니다.

불(佛) : 부처님은 '절대 자유를 성취하신 분'이라고 할 수 있습니다. 자유라고 하는 것은 생사의 문제를 풀고 거기서 해탈한다는 뜻입니다. 절대 자유인을 상징합니다. 우리는 모두 생사에 걸립니다. 돈에 걸리고, 명예에도 걸리지만 제일 큰 문제는 나고 죽음에서 벗어나지 못한다는 것입니다. 사람이 아무리 권력과 부를 다 갖추고 있어도 죽음 앞에서는 꼼짝을 못합니다. 그러나 부처님은 나고 죽음의 문제에서 벗어나신 분입니다.

법(法) : 부처님의 법은 일체중생 실유불성(一切衆生 悉有佛性)입니다. 부처님의 법은 평등함을 나타내고, 나와 너를 벗어나서 대도무문

(大道無門)이요, 일체 모든 것을 다 초월해서 평등합니다. 백천강하(百川江河)가 모두 다르지만 바다에 들어오면 짠맛 하나가 되듯, 부처님의 법도 그와 같은 것입니다. 이처럼 부처의 법은 평등한 것입니다.

승(僧) : 승가는 평화를 상징합니다. 그래서 '거룩한 부처님과 거룩한 가르침과 거룩한 스님들께 귀의합니다'라는 말은 '거룩한 자유와 거룩한 평등과 거룩한 평화에 귀의합니다'라는 의미이지요. 즉, 불교를 신앙하는 사람은 자유·평등·평화를 추구하고 이를 가장 큰 보배로 삼는 사람들이라는 뜻입니다.

자유·평등·평화! 부처님 법은 이렇게 좋은 것입니다. 불자들은 삼보(三寶)를 자유·평등·평화로 받아들이면 쉽게 이해가 될 것입니다. 여러분들의 삶이 항상 사랑이 넘치고, 지혜가 넘치고, 걸림이 없기를 축원합니다.

선사께서 어느 날 법상에 오르셔서 주장자를 한 번 탁 치고 이르셨습니다. "듣건대 이 고을의 이름이 보은(報恩)이라고 하던데 시회대중 가운데 참으로 보은행(報恩行)을 하는 사람이 있느냐?"

아무도 대답을 못하고 고개를 숙였습니다.

불가에서 말하기를 우리가 잊지 말아야 될 다섯 가지 은혜가 있다고 합니다. 이것을 오종대은 명심불망(五種大恩, 銘心不忘)이라고 합니다.

첫째, 각안기소국왕지은(各安其所國王之恩)입니다. 개인을 보호하는 국가의 은혜를 잊어서는 안 된다는 말입니다. 내가 여기 있는 것은 나라의 은덕임을 알아야 합니다.

둘째, 생양구로부모지은(生養劬勞父母之恩)입니다. 낳아주신 부모님의 은덕을 잊어서는 안 된다는 것입니다.

셋째, 유통정법사장지은(流通正法師長之恩)입니다. 바른 법을 일러주신 스승님의 은혜를 잊어서는 안 된다는 것입니다.

넷째, 탁마상성붕우지은(琢磨相成朋友之恩)입니다. 함께 절차탁마(切磋琢磨)하는 친구의 은혜를 잊어서는 안 된다는 것입니다.

다섯째, 사사공양단월지은(四事供養檀越之恩)입니다. 서로 의지하며 도와주는 이웃의 은혜를 잊어서는 안 된다는 것입니다. 사람은 혼자 살아갈 수 있는 것이 아니고 이웃과 더불어 살아가기 때문입니다.

이 다섯 가지의 은혜를 늘 마음속에 새기면서 보은행을 할 수 있는 사람이 되어야 한다는 것입니다.

스님은 두 번째 주장자를 치시고 나서 말씀하시기를, "대중은 듣거라. 듣건대 이 산의 이름이 속리(俗離)라고 하던데 시회 대중 가운데 참으로 오종대은을 명심불망하기 위해서 세속의 허망한 욕심과 잘못된 생각으로부터 떠난 사람이 있느냐?"

이는 우리 마음 속의 게으름과 욕심과 아만을 버리고 참으로 공심을 가진 행자가 있느냐고 질문하신 것입니다. 그러나 누구도 자신 있게 일어나서 대답을 하는 사람이 없었습니다.

스님은 다시 한 번 주장자를 치고 하문하시기를, "대중은 듣거라. 이 절의 이름이 법주(法主)라고 하던데 이 가운데 참으로 자기 인생의 주인공처럼 삶을 사는 사람이 누구인가?"

이때 어린 사미승이 벌떡 일어나더니 큰스님 앞으로 다가갔습니다. 그리고는 손가락을 쳐들면서 이렇게 이야기했습니다.

"너는!"

큰스님께서 말없이 고개를 숙인 채 법상에서 내려오셨습니다. 모든 게 말하기는 쉬워도 실제로 행하기는 어렵다는 것을 스님께서 몸소 보여준 것입니다. 부처님을 닮고, 또 부처님처럼 살아가기는 참으로 어렵습니다.

"천상천하 유아독존 삼계개고 아당안지(天上天下 唯我獨尊 三界皆苦 我當安之)라!" 부처님께서 이 세상에 오시면서 처음으로 하신 말씀입니다. 여기에 붓다가 이 세상에 오신 뜻이 하나로 내포되어 있습니다. 아기 부처님이 마야 부인의 옆구리로 태어나자 아홉 마리의 용이 부처님 목욕을 시켜줬습니다. 이때 부처님의 한 손은 하늘을 향하셨고, 다른 한 손은 땅을 향해서 "천상천하 유아독존!"이라 하시고 일곱 걸음을 걸으셨다고 합니다.

이는 부처님께서 오신 뜻을 하나로 보여주는 상징적인 이야기입니다. 우리 중생은 누구나 의타심이 많습니다. 무언가에 의지하려고 합니다. 태어나면서 어린 아이는 부모에게 의지하려고 하고, 또 부인은 남편에게 의지하고, 남편은 아내에게 의지하고, 자식은 부모에게 부모는 자식에게 의지합니다. 힘든 세상살이에 의지하고자 하는 마

음이 커집니다. 남으로부터 사랑받으려 하고 이해받으려 하는 그 의타심이 중생의 가장 큰 특징인 것입니다.

부처님께서 이 세상에 오신 것은 바로 그러한 의타심으로부터 벗어날 수 있음을 보여주는 역사적 사건입니다. 아기 부처님의 일곱 발자욱은 '스스로 걸었다'는 것을 상징합니다. 말하자면 그 어느 누구에게도 의지하지 말고 자기 삶은 자기가 주인공이 되어야 한다는 의미입니다.

부처님의 한 손은 하늘을 향했습니다. 부처님 당시에도 많은 신의 세계가 존재했습니다. 하늘이라고 하는 것은 천상을 말합니다. 그 것은 신들의 세계를 가리키는 것입니다. 또 땅이라고 하는 것은 천하

를 말합니다. 그것은 인간의 세계를 가리키는 것입니다.

신은 관념의 세계를, 그리고 땅 위에 있는 인간 세상은 돈·명예·쾌락 등과 같이 물질적인 것을 말합니다. 물질의 노예가 되어 있는 것이 우리 인간 세계이기 때문에 부처님은 관념의 세계와 물질의 세계를 모두 초월하신 분이라는 것입니다.

"나는 신들의 세계에도 벗어났고, 인간들이 있는 오욕의 세계에서도 벗어났다." 이것이 천상천하 유아독존입니다. 우리 중생은 이와 같은 부처님의 존귀한 자유선언을 받아들여 우리도 그와 같은 자유의 길을 가야 합니다.

왕이 부처님께 질문을 합니다.

"세상에서 가장 소중한 것이 무엇인가요?"

부처님께서는 그 무엇도 아닌 바로 자기 자신이라고 하셨습니다. 자기가 자신의 주인이 되어야 된다는 것입니다. 이것을 자등명(自燈明)이라고 합니다. 우리는 내가 내 인생의 주인공이 되어 스스로의 삶을 잘 만들어가야 할 것입니다.

그러기 위해 다섯 가지의 보은행(報恩行)을 실천해야 합니다. 이를 실천하려면 사욕(私慾)을 버리고, 아만(我慢)을 버리고, 욕심을 버리고, 게으름을 버리고, 남을 탓하는 마음을 버리고, 독선을 버려야 합니다. 이것으로부터 떠나는 것을 속리(俗離)라고 합니다. 그리고 부지런하고, 정직하고, 겸손하고, 남의 탓이 아닌 내 탓이라 생각하고, 독선이 아닌 배려하는 마음을 지녀야 할 것입니다. 그런 사람이 바로 인생의 주인공이 될 수 있습니다.

부처님께서 깨달음을 얻기 전에는 '천상천하유아독존'의 길을 가셨고, 깨달음을 얻은 후에는 '삼계개고(三界皆苦) 아당안지(我當安之)'의 길을 가셨습니다. 이는 고통으로 힘들어 하는 삼계의 중생들을 위해서 내가 그들을 편안케 하리라는 의미입니다. 부처님께서는 중생 회향을 위해 45년 동안 길에서 천촌만락을 누비시면서 팔만대장경을 설하시고, 오직 중생의 안락과 이익을 위해서 평생을 살다가 가신 분입니다. 아무나 흉내 낼 수 없는 삶이었습니다. 그렇기 때문에 우리가 부처님을 성인으로 존경하고 따르는 것입니다.

흔히 부처님을 이야기할 때 '자비'라는 말을 합니다. 인간 세계에서 가장 값진 일은 사랑입니다. 그것을 깨닫고 그 길을 가는 것, 그것이 바로 부처의 길입니다. 그래서 자비와 지혜가 충만한 삶을 사는 사람을 부처의 삶을 이룬 사람이라고 일컫는 것입니다.

뜻에 의지하되
말에 의지하지 말라

같은 말이라도 때에 따라 다르게 할 수가 있습니다. 당 현종 때 양 귀비가 안록산 장군과 바람을 피웠습니다. 이때 양귀비에게는 소옥 이라는 몸종이 있었습니다. 그래서 안록산 장군에게 보내는 만남의 신호는 '소옥아~ 소옥아~'라고 부르는 것이었다고 합니다. 이 말의 의미를 모르는 사람들은 양귀비의 몸종인 소옥을 부르는 줄 알았습 니다. 이들의 은밀한 만남을 위한 말인 줄은 몰랐을 것입니다.

같은 말이라도 '뜻'에 의지해야지 '말'에 의지해서는 안 되는 경 우가 많습니다. 그러나 우리는 곧잘 말에 의미를 둡니다. 기독교인들 역시 성경 말씀에 너무 의지한 나머지 해석을 잘 못하는 경우가 있습 니다. 성경 말씀이 주시는 뜻을 봐야 되는데 말을 보기 때문에 의견 이 대립됩니다.

경전 표현에 '부처님께서 옆구리로 태어나셨다'고 되어 있습니다. 요즘 같으면 절개수술이라도 해서 태어날 수도 있지만, 옛날에 어떻게 옆구리로 태어날 수가 있겠습니까? 그래서 불교를 알려면 당시 인도 분위기를 알아야 한다는 것입니다.

인도 사람들은 갠지즈강을 성수로 생각합니다. 그래서 이들의 소원은 갠지즈강에서 평생 세 번 목욕하는 것이랍니다. 그런데 인도 갠지즈강에 가보면 물이 굉장히 더럽다는 것을 알 수 있습니다. 강 주변에 화장터가 있기 때문입니다. 히말라야에서 발원한 갠지즈강을 성수로 생각하기 때문에 사람이 죽으면 그 먼 길을 달려와서 마지막으로 갠지즈강 가에서 화장을 합니다. 그리고는 강물에 뿌려버립니다. 그러면 망자가 천상으로 갈 것이라는 믿음을 갖고 있습니다. 많은 사람이 '나는 언젠가 죽으면 반드시 여기 와서 죽어야겠다. 가족들이 화장을 해줬으면 좋겠다'는 생각을 하고, 또 자식들에게도 그렇게 유언을 합니다.

우리가 볼 때 갠지스강은 인도 사람들이 화장을 하고 유해를 뿌리는 깨끗하지 못한 물입니다. 그러나 그들은 그 물에서 양치도 하고 물을 마시기도 합니다. 그 사람들은 이 물을 성수라고 생각하기 때문입니다. 이것이 모든 업장과 몸을 정화시킨다고 생각하고 있습니다.

여기서 우리는 불생불멸(不生不滅) 불구부정(不垢不淨)을 알 수 있습니다. 생도 멸도 없고, 더럽고 깨끗함도 없다는 의미입니다. 우리 생각이 더러울 뿐이지, 사실 더럽고 깨끗함이라는 자체가 없는 것입니다.

그 와중에 돈이 많은 사람은 나무를 많이 사가지고 화장을 깨끗하게 하지만, 돈이 부족한 사람들은 나무를 조금밖에 사지 못하기 때문에 시신이 완전히 타지 않습니다. 타다 남은 시체를 뜯어먹기 위해 들개들이 혀를 날름날름 하면서 기다리고 있기도 합니다. 심지어 어떤 개들은 타다 남은 시체를 입에 물고 뜯어먹기도 합니다. 이 광경을 보면 생사가 무엇인가를 절실하게 느낄 수가 있습니다. 모든 게 생각에 달려 있습니다.

또한 인도는 사성 계급이 존재하는 나라입니다. 지금도 존재합니다. 첫 번째가 브라만입니다. 브라만 계급은 사제 계급입니다. 이들은 가장 윗분들이기 때문에 입으로 태어난다고 합니다. 부처님께서 옆구리로 태어나셨죠? 그렇습니다. 부처님께서는 두 번째 계급인 크샤트리아입니다. 왕족은 옆구리로 태어난다고 합니다. 그래서 '부처님은 옆구리로 태어났다'고 이야기할 수밖에 없는 것입니다. 세 번째 계급은 바이샤라고 합니다. 이들은 평민 계급으로서 '허벅지로 태어난다'고 합니다. 마지막으로 수드라입니다. 이들 노예 계급은 가장 밑바닥이기 때문에 '발바닥으로 태어난다'고 합니다. 인도에는 이러한 사성계급이 아직도 존재합니다.

부처님께서는 이 사성계급을 타파하려고 "사람은 태어나면서부터 정해지는 것이 아니다. 자기 업에 따라서 이것을 만들어가야 되는 것이다."라고 말씀을 하신 것입니다. 그래서 일미평등이라고 합니다. 짠물, 싱거운 물, 도랑물, 백천 강물이 모여 바닷물을 이루듯 불법의 바다에 들어오면 모두 하나가 되는 것입니다. 즉 차별이 없는 것입니다.

부처님이 태어나자마자 일곱 걸음을 걷고, 천상천하 유아독존을 외쳤다고 하는 것을 어떻게 이해해야 합니까? 어떻게 갓 태어난 아기가 일곱 걸음을 걸어갑니까? 이것은 부처님께서 육도윤회로부터 벗어나신 분이라는 것을 상징적으로 드러낸 것입니다. 그렇기 때문에 우리가 종교를 이해할 때는 그 당시 자연환경이나 역사 등을 고려해봐야 하는 것입니다. 곧, 뜻에 의지하되 말에 의지하지 말라는 것입니다. 다음과 같이 정리합니다.

의법, 불의인(依法, 不依人) : 진리에 의지하고, 사람에 의지하지 말 것.
Rely on the Dharma, not on the people who expound it
스승이 아닌, 스승의 가르침에 의지하라.

의의, 불의어(依義, 不依語) : 뜻에 의지하고, 말에 의지하지 말 것.
Rely on the meaning, not just on the words
말이 아닌, 그 의미에 의지하라.

의지, 불의식(依智, 不依識) : 지혜에 의지하고, 지식에 의지하지
말 것.
Rely on the wisdom, not on the conscious and perception
일시적인 의미가 아닌, 참된 의미에 의지하라.

지혜는 성인(聖人)의 세계를 말하는 것이고, 지식은 중생의 세계
를 말합니다. 중생의 세계는 식(識)의 놀음이고, 성인의 세계는 지혜
의 놀음이라고 합니다. 뜻을 새겨 진리의 세계를 완벽하게 말한 것을
요의법문이라고 합니다. 또 완벽하게 밝힌 것이 아니라 한 과정만 이
야기한 것을 불요의 법문이라고 합니다. 다음과 같이 정리합니다.

의료의경, 불의불료의경(依了義經, 不依不了義經) : 궁극에 이르는 경
에 의지하고, 궁극에 이를 수 없는 경에 의지하지 말 것.
Rely on the sutras that lead us to enlightenment, not on
those that do not.
일상적인 판단력이 아닌, 지혜의 마음에 의지하라.

'살생하지 말라'는 계의 경우를 예로 들어 설명을 하겠습니다.
소승법(小乘法)을 지키는 사람은 자기가 직접 살생을 하지 않았다고
생각하기 때문에 고기를 먹지만, 대승법(大乘法)을 따르는 사람은 자
기가 고기를 먹음으로써 살생의 간접적인 동기를 마련해주는 것이

라 하여 고기를 먹지 않는 것과 같습니다. 그래서 소승법을 불요의 법, 대승법을 요의법이라고 하는 것입니다. 결국, 사실을 말하더라도 어떤 사람이 어떻게 하느냐에 따라 다르다는 것을 잘 살펴야 합니다.

가피도
내가 지은 결과

참회란 자신이 부처님의 씨앗임을 불신해 온 잘못을 뉘우치고 진리 자체인 본래의 고향으로 돌아가려는 행위를 말합니다. 즉, 청정무구한 본래의 자기 세계로 회귀하려는 마음의 작용과 몸짓인 것입니다.

영명선사는 이렇게 말씀하셨습니다. "성불의 길을 닦고자 하는 자는 반드시 사참을 행해야 한다. 몸과 마음을 바쳐 부처님께 귀명(歸命)하고, 비 오듯 슬피 울며 정성을 다하면 부처님의 가피를 받으리니. 이는 마치 연꽃이 햇볕을 받아 활짝 피는 것과 같다."

또, 육조대사(六祖大師)는 이렇게 말씀하셨습니다. "참(懺)이란 어리석고 교만하고 허망하게 시기하고 질투한 죄를 뉘우쳐 지난 날에

지은 악업이 다시는 일어나지 않도록 하는 것이다. 그리고 회(悔)란 다음에 저지르기 쉬운 허물을 조심하여 그 죄를 미리 깨닫고 아주 끊어 다시는 짓지 않겠다는 결심이다."

참회는 우리의 내부에 탐욕과 거짓과 어리석음이 있는 한 계속되어야 합니다. 올바른 삶으로 회귀하려는 참된 마음인 참회 정신이 침체되지 않도록 생활화해야 할 것입니다. 스님들이 동안거와 하안거를 할 때 포살자자 법회를 합니다. 이때 스님들이 모여서 읽는 부처님 계목이 있습니다.

경전에는 부처님도 대중들과 함께 모여서 지난 보름 동안에 대해 돌아봤다고 전합니다.

"제가 화낸 일이 있습니까?"

"대중 가운데 화를 낸 사람이 있습니까?"

이렇게 스스로 고백을 하고 나면 죄를 지은 사람과 화를 낸 사람들이 일어납니다. 그들이 "제가 여러분에게 참회를 합니다." 하고 공개적으로 참회를 하면 죄를 사한다는 것입니다.

부처님은 "내가 여러분의 스승이지만 내가 보름 동안 말과 생각과 행동에 어긋남이 있었는가?" 하고 묻습니다. 그리고 제자들이 "어긋남이 있습니다."라고 하면, "내가 여러분 앞에서 참회합니다."라고 하시며 자신의 죄를 참회합니다. 그래서 조계종에서도 동안거와 하안거 때 자자법회를 반드시 실행하도록 종법으로 정해놓았습니다.

부처님의 제자는 부처님을 그리워하는 기도를 잊지 말아야 합니다. 감응은 반드시 정진한 만큼 있습니다. 가피가 정진력에 비례하지만 그 감응에 신경 쓰지 말고 일심으로 참선하고 기도해야 합니다.

종교의 생명은 기도에 있습니다. 종교의 가장 중요한 의식이 참회와 기도입니다. 기독교에서 '회개하라, 그래야만 하나님을 만날 수 있다.'고 하는 것도 이같은 이치입니다.

여우가 제일 좋아하는 것이 살구기름입니다. 그래서 옛날에는 여우를 잡을 때 살구기름에 독약을 묻혀서 미끼를 던집니다. 여우가 자나가다가 살구기름 냄새가 나면, '에이, 지나가야지.' 하다가도 미련이 남게 합니다. 이게 바로, 업(業)입니다. '냄새만 살짝 맡아보지 뭐.' 하다가, '살짝 맛만 보지 뭐.' 하다가, '한 입 정도만 먹어 봐도 괜찮겠지.'라고 생각합니다. 그러다가 결국 독약을 먹고 죽는 것입니다.

중생의 업이라는 게 죄를 짓는 모습이 그와 똑같습니다. 아닌 줄 알면 보지도 말아야 하는데, '한 번만 보고 말지 뭐. 까짓 거!' 이렇게 되는 것입니다. 듣지 말라고 하면 안 들으면 되는데 꼭 들으려고 하는 성품을 가지고 있습니다. 이러면서 죄를 짓게 되는 것입니다.

'무명'을 깨닫는 것을 '지혜'라고 하고 '반야'라고 합니다. 이에 반해 중생의 업장이라고 하는 것은 장애가 되는 것입니다. 이는 막힌다는 것이고, 걸린다는 것입니다. 무엇에 걸릴까요? 그물에 걸리는 것입니다. 그리고 눈이 걸리고, 귀가 걸리고. 그 다음에 말과 행이 걸립니다.

눈이 안 걸리고, 말이 안 걸리고, 행이 안 걸리고, 귀가 안 걸리고, 보는 것이 걸리지 말아야 합니다. 그런데 우리는 일단 보면 가만히 있지를 못합니다. 또 들은 것은 거기서 끝내야 하는데 절대로 나에게 들었다고 말하지 말라는 말까지 하면서 다른 사람에게 전하게 됩니다. 이러니까 걸리게 되는 것입니다.

이처럼 업이라고 하는 것은 걸리게 되어 있습니다. 그래서 무장애라고 합니다. 그러나 걸림이 없는 사람은 진짜로 출생사(出生死)를 합니다. 생사를 초월할 수 있다는 것입니다. 이와 같이 중생의 업장 소멸은 참회를 통해서만 가능합니다.

회개한다는 얘기는 자기가 지은 죄를 돌아본다는 말입니다. 즉, '돌아보고 고친다'는 뜻입니다. 돌아볼 줄 아는 사람은 반드시 고치게 되어 있습니다. 기독교에서는 인류의 조상인 아담과 이브에 의해 우리가 죄를 짓고 태어났다고 합니다. 사실, 그들은 우리와 무관한 사람들인데 그들이 사과를 잘못 따먹어 우리에게 죄가 온다는 것입니다. 너는 원래 죄인으로 태어났다! 과연 그런가요? 이것은 유치원 수준의 이야기일 뿐입니다. 죄인으로 태어났다고 하는 것은 그게 아닙니다. 많은 중생이 그와 같이 업장을 가지고 왔다는 이야기입니다.

불교에서는 이렇게 말합니다. "죄라고 하는 것은 본래 자성이 없이 마음 따라 일어난다. 마음 한 번 잘못 썼기 때문일 뿐 너는 본래 부처야. 너는 본래 밝은 사람이고 본래 착한 사람이야. 그런데 잠깐 마음 한 번 잘못 써가지고 그 마음을 지었어. 그 생각을 고쳐버리고 없애버리면 죄라고 하는 게 다 공해서 없어진다.”

중국에는 성선설과 성악설이 있습니다. 불교는 성선설도 아니고 성악설도 아닙니다. 불교는 성공설(性空說)입니다. 공이라고 하는 것은 선도 될 수 있고 악도 될 수 있습니다. 마음을 어떻게 쓰느냐에 따라서 달라집니다. ‘너는 본래부터 악한 사람이야’가 아니고, ‘너는 본래 착한 사람이야’도 아닙니다. 생각과 마음 그리고 성품을 어떻게 일으키느냐에 따라서 악한 사람이 될 수도 있고, 선인도 부처도 될 수 있습니다. 그러니 그 뿌리, 즉 근본 무명을 밝히면 죄로부터 벗어날 수 있는 것입니다.

그러나 중생의 업장이 워낙 두터워서 그리 쉽게 변하지 않습니다. 그러므로 우리는 참회를 통해서 또는 기도를 통해서 업장을 멸해야 됩니다. 업장을 없애야만 부처님의 가피를 받을 수가 있습니다.

참회에는 이참과 사참이 있습니다. 이(理)라고 하는 것은 생각으로 없애는 것인데 참회가 생각만으로는 안 되는 것입니다. 행이 따라야만 됩니다. 그래야 자신의 업장이 소멸됩니다. 업장 소멸을 위해 경을 많이 읽거나 참선을 하거나 기도를 하는 등 수행이 따르는 이유입니다.

근기가 수승한 분들은 참선을 통합니다. ‘관심일법(觀心一法)이 총

섭제행(總攝諸行)'이라고 합니다. 마음을 관찰하는 한 가지가 모든 수행을 다 포함한다는 뜻입니다. 이는 혜가스님이 달마대사에게 질문한 내용입니다. 참선을 해서 한 마음을 봐버리면 다 끝난다는 것입니다. 업장이고 뭐고 다 소멸된다는 것입니다.

그런데 이것은 최상승 근기, 전생부터 오래 닦아 온 분들이 하는 수행이고 많은 불자들은 기도, 특히 절을 하십니다. 성철 스님도 이를 많이 권유했습니다. 절은 굽을 '절(節)' 자입니다. 절은 나의 아상을 꺾고, 무릎을 꿇고, 자신을 바닥에 낮춰서 자기도 모르게 쌓여 있는 업장의 산을 녹입니다. 절을 많이 하면 업장이 소멸됩니다.

우리가 기도하고 자비관을 할 때 "모든 번민으로부터 벗어나기를 원하며, 행복하게 살아가기를 간절히 원합니다."라고 합니다. 또 예불할 때 '지심귀명례(至心歸命禮)'를 합니다. 참회도 예경도 착한 마음으로 목숨을 바쳐 '지심귀명례'해야 됩니다. 원을 세워 보십시오. 그리고 어떤 일을 하더라도 '지심귀명례' 해보십시오. 그러면 반드시 가피가 있습니다. 제대로 안 하는 사람이 불평을 많이 합니다.

혜인 큰스님께서는 제주도에 약천사라는 대가람을 이루기 전에 해인사 장경각에서 100만 배의 원력을 세우고 하루 5천 배씩 했습니다. 결국 100만 배를 모두 마친 뒤 득력을 해서 불사를 마쳤습니다.

부처님의 가피가 있으면 모든 인연이 다 나에게로 옵니다. 여러분도 '나에게 장애가 있다'고 탓할 게 아니라 '나의 업장을 소멸하고 뭔가 뜻을 이루겠다'고 서원을 하면 하루 천 배씩이라도 시작해 보시기 바랍니다. 그만한 의지라면 타고난 운명도 바뀝니다. 부처님이 감응하지 않을 수가 없습니다.

심신감응(深信感應)이 불허(不虛)하여 영향상종(影響相從)이라,
지극한 마음에는 반드시 감응이 따름을 깊이 믿을지니라.

초심이
깨달은 마음이다

〈초발심자경문〉은 불교에 입문하는 스님이나 재가불자들이 공부하는 중요한 경전입니다. '초발심자경문(初發心自警文)'은 세 개의 글을 합쳐서 만들어진 제목입니다. 초심, 발심, 자경문이 이에 해당됩니다. 초심은 고려 보조국사 지눌의 '계초심학인문(誡初心學人文)'과 신라 원효스님의 '발심수행장(發心修行章)', 고려 야운대사(野雲大師)의 '자경문(自警文)'을 후세에 합하여 한 권의 책으로 만든 것입니다.

'계초심학인문'은 스님들이 가져야 할 마음가짐, 대중들의 생활규칙 그리고 선방에서 수행하는 스님들이 가져야 할 규칙을 담고 있습니다. '발심수행장'은 원효스님이 자신의 경험을 바탕으로 수행하는 사람들을 위해 남긴 글입니다. 또 '자경문'은 야운 비구가 수행자들이 어떻게 생활해야 할 것인가에 대해 스스로 경책한 글입니다.

부처님의 팔만대장경이 방대하지만 옛 큰스님들이 이르시기를 "〈초발심자경문〉만 제대로 이해하고 그대로만 살면 성불할 수 있다."고 할 정도로 소중한 경전입니다.

초발심시변정각(初發心是便正覺)이라, 초발심 했을 때가 성불한 때라고 했습니다. 처음 마음을 냈을 때가 거룩하고 순수합니다. 그런데 그 마음이 시종여일해야 되는데 시간이 갈수록 점점 사라지고 맙니다. 불교대학에서 교수님들이 학위 논문을 쓸 때에 가장 힘든 것이 바로 제목을 정하는 일입니다. 제목만 제대로 정해져도 반은 이루어진 거라고 합니다. 그만큼 첫생각에 전체가 녹아 있는 것입니다.

'계초심학인문(誡初心學人文)' 역시 제목 속에 내용의 반 이상이 들어 있습니다. 여러분은 마음을 내어서 절에 옵니다. 그런데 '무슨 마음으로 절에 오고, 부처님을 대하고, 불교를 대하는가'가 중요합니다. 그래서 불교는 신학이 아니고 인간학이라고 하는 것입니다. 처음으로 마음을 내서 사람을 배우는 것입니다. 우리가 사람의 몸을 받아서 어떻게 삶을 영위해 나갈 것인가? 이것이 중요합니다.

기독교는 신학, 즉 신을 배우는 것입니다. 그런데 불교는 인간학입니다. 우리가 선방이나 강원 등에서 수행하는 스님을 학인(學人) 스님이라고 합니다. 곧 인간을 배우는 스님입니다.

초심(初心)은 굉장히 중요한 말입니다. 운동하는 사람들에게 "초심을 잃지 마라!"고 이야기합니다. 어른들이 젊은이들에게 "초심대로만 살면 된다, 초심으로 돌아가라."고들 합니다. 시작했을 때의 깨끗하고 순수한 마음으로 돌아가라는 것입니다. '도(道)'라고 하는 것은 잡념이나 내 생각이 들어가면 안 되고, 초심의 깨끗한 마음으로 돌아갈 때 사람을 배운다는 의미가 있습니다. 그것을 보조국사가 글로써 일렀던 것입니다.

우리 의식의 울타리(艸)에 말뚝을 박고, 창을 들고(戈), 보초를 서게(戒) 한다고 했습니다. 여기서 '계(戒)'라고 하는 것은 '∼을 하지 말라'고 정해주는 것입니다. 즉 일정한 규칙, 자기의식을 스스로 지키는 것이 '계'라는 말입니다. '계(戒)'에 말씀 '언(言)' 자가 붙으면 계'계(誡)', 즉 말로써 훈계를 한다는 의미입니다. 표현할 길이 없기 때문에 그 길을 언어로써 가르쳐주는 것이 '계(誡)'입니다.

따라서 '계초심학인문(誡初心學人文)'은 부처가 무엇인가를 배우는 것이 아니고, 사람이 무엇인가를 배우는 공부입니다. 처음 공부마음을 내는 것으로부터 시작해서 대중생활의 규칙, 선방에서의 마음 자세 등을 잘 설명하고 있습니다.

순천 송광사는 승보 종찰, 부처님의 사리가 모셔진 양산 통도사는 불보 종찰, 팔만대장경이 모셔진 해인사를 법보 종찰이라고 합니다. 그 중에서도 16국사를 배출하고 많은 스님이 정혜결사를 일으킨

도량이 송광사입니다. 많은 대중이 모여 있기 때문에 '그 대중들이 어떻게 마음을 내어서 공부를 할 것인가' 하는 것을 체계적으로 일러 놓은 것이 '계초심학인문(誡初心學人文)'입니다.

'발심수행장(發心修行章)'에서 원효스님께서는 수행자들이 갖추어 야 할 마음가짐을 잘 일러주고 있습니다. 초심을 낸 수행자들이 지켜 야 할 규칙 등을 통틀어 습(習)이라고 하는데, 이 습이 갖춰지면 '어떻 게 마음을 내서 수행을 할 것인가'에 의문을 품게 됩니다. 이것이 원 효스님이 말씀하신 '발심(發心)'인 것입니다. 발심은 발보리심(發菩提 心)의 준말입니다. 사람을 배우기 위해 초심을 내는데, 그 초심을 어 떻게 가져야 할까요?

발심(發心)에서 '발(發)' 자를 보면, '𣓤'은 사람 둘이 등을 맞대고 있는 형상이고, 그 밑에 활 '궁(弓)' 자가 있고, 그 다음에 던질 '투(投)' 자가 있습니다. 그러니까 발심은 활이 포물선을 그리면서 크게 날아 가듯이 마음을 확대한다는 이야기입니다. 다시 말해 세상을 보는 눈 과 마음을 크게 확대한다는 것입니다.

"이 놈의 자식, 발보리심해라." 옛날에 큰스님들이 동자승들에게 야단을 치면서 했던 말입니다. 동물들을 잘못 밟아서 죽일 때도 "발 보리심해라."고 했습니다. 발보리심을 해야 깨달음의 좋은 몸을 받아 갈 수 있기 때문입니다.

수행(修行)이라고 할 때 수(修)는 아득할 '유(攸)' 자에 터럭 '삼(彡)'

자가 있습니다. '마음을 닦는다'라고 하는 것은 이 산골에서 아득히 흘러가는 물에 머리를 감는 것처럼 마음을 씻어내는 것입니다. 또 행(行)이라고 하는 것은 도를 닦는 마음만큼은 늦추지 말고 해야 한다는 것을 의미합니다. 이런 내용을 말씀하신 게 '발심수행장(發心修行章)'입니다.

'자경문(自警文)'은 '스스로 늘 경책을 한다'는 의미를 담고 있습니다. 야운 비구가 이것을 열 가지로 설명해 놓았습니다. 여기서 자(自)는 코(비/鼻)를 상징합니다. 우리 신체 중에서 참 중요한 것이 코입니다. 코가 중요하기 때문에 어머니 뱃속에서 코가 가장 먼저 생깁니다. 그만큼 호흡이 중요한 것입니다. 스님들이 수행할 때 "눈을 지그시 감고 코끝을 바라보라."고 하는 것도 자경(自警), 즉 자기 스스로 경책하라는 말씀입니다. 〈초발심자경문〉의 깊은 뜻을 마음에 새겨 초심을 간직하는 불자가 되시길 바랍니다.

세상 모든 것에
사랑을

자비의 마음은 책을 읽어서 얻는 것도 아니고 생각해서 얻는 것도 아니며 오직 행(行)을 통해 얻을 수 있을 뿐입니다. 원효스님의 재미있는 일화를 들려 드리겠습니다.

어느 날 대안대사가 굴 앞 풀밭 위에 새끼 너구리 아홉 마리에게 칡뿌리를 먹이느라 애를 쓰고 있었습니다. 눈도 못 뜬 새끼 너구리들은 주둥이를 내민 채 낑낑대고 있었습니다. 어미의 젖을 찾고 있었던 것입니다. 그러다가 대안대사가 원효에게 너구리를 맡기고 마을로 소젖을 얻으러 간 사이 새끼 한 마리가 죽었습니다. 대안대사가 소젖을 얻어 돌아와 보니 원효는 그 죽은 너구리 새끼를 위해 〈법화경〉을 읽고 있었습니다.

그래서 대안대사가 물었습니다.

"너구리가 〈법화경〉을 알아듣소?"

"너구리가 무슨 경을 알아듣겠습니까?"

대안대사가 소젖을 다른 새끼 너구리에게 먹여주며 말했습니다.

"아가 젖 먹어라. 자 멍! 네 어미젖만 못하겠지. 자 멍!"

그리고 원효대사를 돌아보고 말했습니다.

"이것이 너구리가 알아듣는 경이오!"

대안대사가 차례로 젖을 먹이는데 마지막 한 마리는 너무 쇠약한 나머지 받아먹지 못하고 죽고 말았습니다. 대사는 죽은 새끼 너구리를 곁에 놓아두고 젖을 따라놓은 뒤 굵은 눈물을 떨구었습니다. 이 광경을 지켜본 원효는 놀랐습니다. 대안대사의 눈물은 무연(無緣)의 눈물이었습니다. 자신과 인연이 있는 사람을 위해 흘리는 중생의 눈물과는 달랐습니다. 비로소 원효는 대비(大悲)의 뜻을 알았던 것입니다. 대비의 눈으로 세간을 바라볼 때 어찌 눈물이 비 오듯 하지 않을 수가 있겠습니까?

원효가 물었습니다.

"스님의 마음을 새끼 너구리가 알아들었겠습니까?"

"배고픈데 먹여주는 것을 몰라?"

"배고픈데 먹여주는 것으로 무엇을 설하셨습니까?"

"자비!"

"시체 앞에 젖을 따라놓으면 무슨 소용이 있겠습니까?"

"먹이고 싶은 마음!"

"그렇군요. 스님은 참으로 자비 법문을 설하셨습니다."

"이것은 나, 대안이 설한 것이 아니라 비로자나불이 설한 것이오."

"대일여래가 무슨 법을 설하십니까?"

"평등 보시 법문이오. 스님도 빛을 받고, 새끼 너구리들도 빛을 받고, 저 풀과 나무들도 빛을 받지 아니하오? 법계가 온통 대일여래(大日如來)의 자비심인(慈悲心印)이란 말이오."

이후 원효는 자신의 이름을 감추고 거지 중이 되었습니다. 그리고 이곳저곳을 떠돌아다니며 불쌍한 중생들을 돌보기 시작했습니다. 친구인 의상이 당나라 유학을 마치고 돌아와 여러 곳에 절을 짓고 있을 때, 원효는 이 마을 저 마을의 병자들을 돌봐주었습니다. 그리고 우물을 파서 타들어가는 곡식에 물을 주고, 산속 도적들을 설득해서 양민으로 돌아가게 했습니다. 그러면서도 자신은 새끼 너구리를 기르던 대안대사에 비하면 어림없다고 생각하며 정진을 계속했습니다.

원효 스님 시대만 해도 불교가 들어온 지 꽤 세월이 흘러 종파가 생겨났습니다. 종파끼리 시시비비가 일자 원효 스님은, 크게 보면 만법은 하나이고 싸울 일이 없다는 화쟁론을 폅니다. 코끼리 다리 한쪽만 만져 놓고 코끼리라고 믿는 오류를 경계하신 겁니다. 이처럼 일체 무애의 도를 성취한 원효 스님은 해동의 성자로 추앙받는 국사가 되었습니다.

　위 원효 스님과 대안 스님의 일화는 춘원 이광수의 소설 〈원효〉에 나오는 이야기입니다. 진정, 이 시대의 대안과 원효는 어디에 있단 말입니까? 유연자비(有緣慈悲)가 아닌, 무연자비(無緣慈悲)가 그리운 시대입니다.

그렇게 살다가
그렇게 갔다

이미 입적하신 조계종 전 종정 서암 큰스님의 임종게는 정말 감동적이었습니다. 보통 큰스님들은 깨달음을 얻을 때는 오도송을, 열반에 드실 때는 임종게를 남기시곤 합니다.

서암 큰스님의 열반이 가까워오자 시자가 여쭈었습니다.

"스님께서 입적하시고 나서 사람들이 스님의 열반송을 물으면 어떻게 할까요?"

"나는 그런 거 없다."

"그래도 누가 물으면 뭐라고 답을 할까요?"

"달리 할 말이 없다. 정 누가 물으면 '그 노장 그렇게 살다가 그렇게 갔다'고 해라. 그게 내 열반송이다."

"계룡산 나한굴에서 '나고 죽는 것이 없는 것'을 깨달으셨다고

하셨는데, 오도송을 읊으셨습니까?”

“오도송인지 육도송인지 그런 거 없다.”

과연 선지식(善知識)다운 모습입니다. ‘개구이착(開口已錯)’이라! ‘이미 입을 열면 그릇된다’ 했거늘, 그 심오한 깨달음과 열반의 세계를 어찌 한 마디의 말과 글로 표현할 수 있겠습니까. 입을 열어 표현하는 그 자체가 이미 진리로부터 멀어진 상태라는 것입니다. 과연 일평생을 철저한 무소유와 수행으로 일관하신 큰스님다운 모습이요, 말씀이라 할 것입니다.

무릇 여래자(如來者)는 무소종래 역무소거(無所從來 亦無所去)라 했습니다. 여래는 온 바도 없고 가는 바도 없다는 뜻입니다. 이 말씀 속에는 생사와 애증에 걸림이 없는 무애자재한 해탈의 경지가 다 들어 있습니다.

우리의 삶도 그래야 할 것입니다. 현재에 최선을 다하는 삶, 군더더기 없는 깨끗한 삶에는 아무런 이유도 없습니다. 그러나 중생들은 자신의 삶에 대해 일일이 변명하고, 또 이유가 많습니다. 거기에는 온갖 거짓과 음모, 애증이 서려 있습니다. 그리고 무서운 집착이 숨어 있습니다. 집착을 하면 괴로움이 생기는 것입니다. 마음에 애착이 있으면 차별심이 생기고, 그로 인해 번뇌가 따르게 됩니다. 그러나 ‘그렇게 살고, 그렇게 갈 수 있는 삶’에는 그저 그 뿐인 깨끗한 삶이 존재할 따름입니다.

매순간 깨어 있는 삶이라면 만나는 인연마다 소중하고 일상의 하나하나가 감사해야 할 대상으로 다가옵니다. 거기에는 아쉬움이나 미련 따위는 없습니다. 그래서 서암 큰스님의 임종게는 역대 어느 조사, 어느 선사에게서 보지 못한 아름다운 회향법문(廻向法門)으로 기억됩니다.

모란꽃은 어느 봄날 우리 곁에 활짝 피었다가 봄의 끝자락이 되어 한꺼번에 떨어집니다. 그 뒷모습이 무척이나 깨끗해 보입니다. 그래서 시인 영랑은 '모란이 지고 말면 그 뿐! 내 한 해는 다 가고 말아'라고 노래했는지 모릅니다. 우리의 삶도 모란꽃처럼 기쁨으로 이 세상에 왔다가 짧은 봄날처럼 홀연히 떠나갑니다. 우리 중 얼마나 많은 사람이 그와 같이 군더더기 없이 살다가, '이렇게 살다가 이렇게 가노라' 하며 한 마디를 남기고 갈 수 있을까요? 살림이 많이 부족하지만 저도 그렇게 아름다운 회향을 하고 싶습니다.

제 3 장

길에서 인연을 찾다

복전(福田)은 복을 심는 밭이라는 의미입니다. 논밭에서 곡식이 자라고, 우리가 그 곡식을 거두어들입니다. 이와 마찬가지로 부처와 보살, 그리고 법사들에게 공양을 하고 거룩한 삼보(三寶)에 귀의하면 복덕(福德)을 쌓게 된다는 것입니다. 다시 말해 바른 불심으로 불법(佛法)의 참된 가르침을 실천하면 가피는 자연스럽게 따라옵니다.

부처님께서는 여덟 가지 복전에 대해 말씀하셨습니다.

첫째, 불법승(佛法僧) 삼보를 공경하라. 삼보를 잘 공경하면 복이 저절로 찾아온다고 합니다. 불(佛)은 석가여래 부처님을, 법(法)은 부처님의 팔만대장경을, 승(僧)은 비구·비구니를 이릅니다. 이 불법승 삼보를 공경할 줄 알아야 복을 받을 수 있습니다.

심청정시불(心淸淨是佛) : 마음이 청정한 것이 부처입니다. 팔만사천의 무진한 부처님이 계신다고 해도 사람의 마음이 청정(淸淨)한 그 자리가 바로 참된 부처인 것입니다.

심광명시법(心光明是法) : 마음이 광명한 것이 곧 법입니다. 팔만대장경이 법이라고 하지만 마음이 광명(光明)한 그 자리가 곧 법인 것입니다.

정광(淨光)이 처처무애(處處無碍) : 맑고 광명한 것이 처처에 걸림이 없는 무애(無碍), 그 자리가 곧 승인 것입니다.

둘째, 효양부모(孝養父母)하라. 자식 된 사람은 부모에게 효도를 해야 복을 받는다는 것입니다. 법을 먼 데서 구하지 말고, 내 부모가 곧 부처님이라고 생각하고 부모님께 효성을 다해야 복이 찾아오는 것입니다. 그런데 요즘은 부모의 마음과 자식의 마음이 다른 것 같습니다. 부모는 자식이 감기에라도 걸리면 온갖 약을 먹여서 병을 낫게 하려고 합니다. 그러나 자식은 부모가 감기가 들어서 콜록콜록 하고 뒷방에서 아파 누워 있어도 '나이 많은 사람에게 으레 있는 천식이나 노병'이라고 치부하고는 합니다. 이렇게 해서는 복을 받을 수가 없다는 것을 알아야 합니다.

셋째, 급사병인(給事病人)하라. 어떠한 사람이든지 병든 사람이 있거든 힘이 닿는 데까지 정성껏 보살펴주면 복을 받게 된다는 것입니다. 복이라는 것은 내가 노력하고 행하고 닦고 증득해서 복을 갖는 것이지, 저 하늘에서 뚝 떨어지거나 복을 파는 사람이 그냥 복을 한 덩어리 집어서 주는 것이 아닙니다. 그러니 남을 위해 수고스러운 일을 많이 하고, 남을 도와 좋은 일을 많이 하면 그것이 곧 복을 짓는 일입니다.

넷째, 구제빈궁(救濟貧窮)하라. 가난하고 어려운 사람을 구제해주면 복을 받는다는 것입니다. 가난하고 어려워서 복을 못 짓는 사람에게 내 힘이 닿는 데까지 그 사람을 도와주면 그것으로 인해 복이 들어오는 것입니다.

다섯째, 광로의정(廣路義井)하라. 물이 없는 넓은 들판에 우물을 파서 오는 사람과 가는 사람이 모두 먹을 수 있도록 해주면 복이 온다는 것입니다. 자기가 살고 있는 동네에 물이 없거든 자비를 들여서라도 우물을 판 다음 온 동네 사람이 다 먹을 수 있도록 해주면 그것이 곧 복을 짓는 것입니다.

여섯째, 건조교량(建造橋梁)하라. 하천에 다리를 놓아 모든 사람이 편안하게 건널 수 있도록 하면 복이 온다는 것입니다. 강이나 하천에

다리가 없어서 많은 사람이 불편을 겪고 있다면 어디든지 다리를 놓아서 건너가도록 해주는 것이 복을 짓는 것입니다.

일곱째, 치평험로(治平險路)하라. 험한 길을 잘 닦아서 다른 사람들이 편안하게 왕래할 수 있도록 해주면 복이 된다는 것입니다. 길이 험하고 좁다면 서로 돈을 내어 길을 넓힌 다음 사람도 지나가고 자동차도 다닐 수 있도록 해야 합니다. 험한 길을 닦아서 사람들이 잘 다니도록 해준다면 그게 바로 복을 짓는 것입니다.

여덟째, 무차법회(無遮法會)하라. 법회를 열어서 어떤 사람이든 법문을 듣도록 기회를 만들어주는 것이 복을 짓는 것입니다.

이어서 〈초발심자경문(初發心自警文)〉에 나와 있는 불자들의 생활 자세를 보겠습니다.

유병인 (有病人) 수자심수호 (須慈心守護)하라.
견빈객 (見賓客) 수흔연영접 (須欣然迎接)하라.
봉존장 (逢尊長) 수숙공회피 (須肅恭廻避)하라.
판도구 (辦道具) 수검약지족 (須儉約知足)하라.

병든 사람이 있거든 모름지기 잘 보호를 할 것이다.

손님을 맞이할 때는 모름지기 기쁜 마음으로 맞이해야 된다.
어르신을 만나거든 모름지기 공손하게 자리를 비켜드려야 된다.
물건을 사용할 때는 모름지기 검소하게 절약해야 된다.

또 〈공양게〉를 보면 식습관에 대해 설명을 하고 있습니다.

부득흔염정추 (不得欣厭精麤) 수묵무언설 (須黙無言說)
수방호잡념 (須防護雜念) 수지수식 (須知受食)
단료형고 (但療形枯) 위성도업 (爲成道業)

좋고 나쁜 음식을 가리지 마라.
모름지기 말 없이 먹어야 된다.
모름지기 잡념을 막아 집중하라.
공양을 할 때는 잡생각을 하지 말고,
음식은 도를 이루기 위해 먹는 것임을 잊지 말아야 한다.

이처럼 한 방울의 물에도 천지(天地)의 은혜가 스며 있고, 한 알의 곡식에도 만인의 노고가 담겨 있습니다. 이 음식으로 주림을 달래고 또 성불의 보약으로 삼아 몸과 마음을 바로 하여 사회 대중을 위해 봉사하고 정진하는 삶을 살아야 할 것입니다.

여기서 '위성도업(爲成道業)'이 참 중요한 말입니다. 주림을 채우고 오직 도업을 이루고자 음식을 받을 뿐이지, 다른 마음으로 음식을 받는 것은 아니라는 것입니다.

그렇다면 도업(道業)이 무엇일까요? 도(道)는 길이고, 업(業)은 행입니다. 그 행과 업이 옆으로 새지 않고 바르게 간다는 의미를 담고 있는 것입니다. 또한 길은 '안 · 이 · 비 · 설 · 신 · 의'를 의미합니다. 바른 눈길로 부드럽게 봐야지, 눈길이 헷갈리면 안 되는 것입니다. 그리고 잘 알아들어야 합니다. 잘못 알아들으면 큰 오해가 생기기 마련입니다. 말길, 손길, 발길 모두 제대로 가야 합니다. 이 세상에 길이 아닌 것은 없습니다. 자동차가 가는 길은 찻길, 기차가 가는 길은 철길, 비행기가 가는 길은 항로, 칼을 쓰는 것은 검도, 차를 마시는 것은 다도(茶道)… 이처럼 길이 아닌 것이 없습니다. 그러기에 그 길을 제대로 가야 우리 삶이 바르게 됩니다.

즉, 업(業)이 정업(正業)이 되어야 합니다. 그 행이 바르지 못하면 옆으로 새서 커다란 병폐를 일으키기도 합니다. 그 바른 길을 가기 위해 우리 모두 수행정진을 하는 것입니다. 그 행위를 일으키는 것이 마음이기 때문에 직지(直指), 똑바로 봐야 한다는 것입니다.

직지인심(直指人心) 견성성불(見性成佛), 성품을 보면 부처를 이룬다고 했습니다. 이 성(性)에서 모든 것이 다 일어납니다. 성(性)은 마음이 일어나는 것, 그 마음이 어떻게 일어나는가를 직지(直指)해야 합니다. 직지는 곧 관심(觀心)을 의미합니다.

수행자들은 밥 한 그릇 먹고 물 한 모금 마시더라도 그냥 먹지 않습니다. 쌀 한 톨과 물 한 방울에도 소중한 가치와 노고를 몸과 마음으로 느껴야 됩니다. 그러니 쌀 한 톨, 물 한 방울도 아껴야 하는 것입니다.

어떤 수행자가 큰스님이 사는 절을 찾아가다가 계곡에서 상추가 떠내려 오는 것을 보고 '아~ 큰스님 사는 곳이라고는 하지만 형편이 없구나!' 이런 생각을 하며 발길을 돌리려 했다고 합니다.

그런데 어떤 스님이 막 달려 내려오더니, "방금 상추 하나 떠내려가는 것 못 봤느냐?"고 하더랍니다.

그때서야 이 수행자는 '아! 큰스님이 사는 곳이 뭔가 다르구나!' 하고 다시 올라 갔다고 합니다.

우리가 불교를 제대로 공부한다면 물건을 하나 쓰더라도, 밥을 한 끼 먹더라도 쉽게 생각하지 않고, 함부로 허비하지 않고 검약하면서 살아야 할 것입니다. 복은 누가 그냥 던져주는 것이 아니라 스스로 찾고 또 만드는 것입니다.

선업(善業)을 넘어
도업(道業)으로

불교란 온전히 '나를 없애는 수행'입니다. 이 세상의 모든 고통은 내가 있기 때문입니다. 아무리 절에 오래 다녔더라도, 팔만대장경을 다 읽었더라도 '나'라는 상이 있으면, 나를 버리지 못한다면 헛일입니다.

선업을 쌓기 위한 화안시(和顔施)와 심시(心施)에 관해 말씀드리겠습니다. 인간이 다른 동물과 다른 점은 부끄러움을 아는 것입니다. 수행을 하는 것은 부끄러움을 알고 나를 버리는 것입니다. 그러면 상대방에 대한 배려심이 생깁니다. 불수반수(不羞反羞)라, 부끄러움을 모르면 부끄러움으로 돌아가라고 했고, 반수불수(反羞不羞)라, 부끄러움으로 돌아가면 부끄럽지 않게 된다고 이르셨습니다.

불교는 부처님의 가르침입니다. 불자는 부처님의 가르침을 따르는 사람입니다. 참된 불자가 되기 위해서 네 가지 방편을 가지고 공부하는데 이를 신(信) · 해(解) · 행(行) · 증(證)이라고 합니다.

증득은 '내가 체화시키는 것'입니다. 증득하지 않으면 경전을 달달 외고 수행해서 깨달았다고 해도 그 사람의 내면에 자비심이 흐르지 않습니다. 증득한 사람은 행하게 되고, 행하면 알고, 아는 사람은 믿게 되는 것입니다.

여기서 증(證)이 중요합니다. 증을 하기 위해 수행을 하는데 수행자를 일러 보살이라고 합니다. 보살은 각유정(覺有情)이라고 하여 깨달음이 있지만 아직은 정(情)이 있습니다. 즉, 중생의 몸을 가지고 있다는 말입니다. 이 정이 어떻게 움직이느냐에 따라서 악업 또는 선업을 쌓게 됩니다.

선업을 쌓기 위해서는 베풀어야 합니다. 물질이 없는 사람도 얼마든지 나눌 수 있습니다. 〈잡보장경〉에 '무재칠시(無財七施)'가 나오는데 불자들 뿐 아니라 요즘 기업 CEO들도 경영철학으로 삼고 있다고 합니다.

첫째, 화안시(和顔施)입니다. 얼굴에 화색을 띠고, 부드럽고 정다운 얼굴로 남을 대하는 것입니다. 여기서 시(施)는 '준다'는 의미지만, '받는다'와 동일합니다. 예를 들어 '네 얘기를 들어 준다'고 했을 때, 들어주는 것도 보시인 것입니다.

‘맛을 본다, 생각해 본다’ 등 보이지 않는 것을 보는 것을 관(觀)이라 합니다. 평화롭고 순수한 얼굴로 사람을 대하는 습관을 들여야 합니다. 또 얼굴에 화색을 띠고 정다운 얼굴로 사람을 대하시기 바랍니다.

나이 40이 넘으면 자기 얼굴에 책임을 져야 합니다. 40이 넘으면 더 이상 부모님이 준 얼굴이 아닙니다. 그 동안 어떤 삶을 살아왔는지 이 얼굴 속에 다 들어 있습니다. 그래서 얼굴을 가리켜 초청장이라고 합니다. 경우에 따라 복을 부를 수도, 화를 부를 수도 있습니다. 밝은 얼굴을 상대방에게 보여주는 것도 보시인 것입니다.

둘째, 자안시(慈眼施)입니다. 편안한 눈빛으로 상대방을 대하는 것입니다. 태국은 불교가 생활화되어 있기 때문인지 거리의 사람들 얼굴이 온화합니다. 그래서 태국을 ‘미소의 나라’라고 하나 봅니다. 태국 공항에 가면 누구라도 살짝 웃는 얼굴로 반기고 있습니다. 미얀마 사람들의 눈동자는 맑은 호수 같습니다. 보기만 해도 기분 좋아집니다. 살다 보면 욕망 · 분노 · 슬픔 · 근심 · 걱정의 눈빛이 될 수도 있지만 늘 자비롭고 밝은 눈빛을 가지도록 노력해야 합니다.

셋째, 심시(心施)입니다. 마음의 문을 열고 따뜻한 마음을 갖는 것입니다. 진실하고 어진 마음으로 정성스럽게 상대를 대해야 합니다.

넷째, 언사시(言辭施)입니다. 친절한 말로 상대를 대하라는 것입니다. 사랑의 말, 칭찬의 말, 위로의 말, 격려의 말, 양보의 말 등 상대에게 친절하게 대하는 습관을 길러야 합니다.

다섯째, 신시(身施)입니다. 바른 용모로 상대방에게 친절을 베푸는 일입니다.

여섯째, 상좌시(床座施)입니다. 상대방에게 자리를 양보하는 것도 보시입니다.

일곱째, 방사시(房舍施) 또는 찰시(察施)입니다. 상대방에게 불편함이 없는지를 살펴 주는 것도 보시입니다. 자기가 머물고 있는 처소와 자기 몸을 청결히 하는 것도 보시이고 나그네에게 숙소를 제공해 주는 것도 다 보시 행위입니다.

부처님께서는 이 일곱 가지를 열심히 실천하면 큰 공덕이 된다고 하셨습니다. 그러나 물질적인 능력이 되는데도 남에게 베풀지 않는 것은 무재칠시를 실천하는 게 아닙니다. 또 물질로 남에게 베풀면서 무재칠시를 하지 않는 것 역시 공덕이 되지 않는 것입니다. 요즘 기업가들이 기업의 서비스 정신에 무재칠시를 원용하고 있습니다. 가정도 마찬가지입니다. 따뜻한 마음과 배려하는 마음이 무엇보다 중요합니다.

달라이라마는 이 세상에 가장 쉬운 것이 있다고 했습니다. 물고기를 안전한 곳으로 옮기는 것보다 살생하려는 마음을 버리는 것이 더 쉬운 일이라는 겁니다. 또 발을 보호하기 위하여 온 대지를 가죽으로 덮는 것보다는 내 발을 가죽으로 감싸는 것이 훨씬 더 간편합니다. 마찬가지로 미운 사람을 피하기보다는 자신 안에 있는 분노나 미움을 없애는 것이 훨씬 쉬운 일입니다.

　무재칠시는 누구나 다 할 수 있습니다. 또 아무리 사용해도 소진 되지 않습니다. 누구나 할 수 있되 늘 깨어있는 사람 만이 실천할 수 있습니다. 무재칠시를 실천해서 선업(善業)에서 도업(道業)으로 가 시기를 바랍니다.

한량 없는 마음, 자비희사

부처님께서는 설산에서 6년 동안 정진하시고 새벽에 떠오르는 별을 보고 깨달음을 얻으셨습니다. 그 소식이 삼천대천세계(三千大千世界)에 두루 퍼졌습니다.

그런데 부처님께서 깨달은 그 도의 이치는 말씀 이전의 소식입니다. 도가도 비가도(道可道 非可道), 도를 도라고 하면 이미 도가 아니라고 했듯이 부처님의 깨달음에 대한 진리도 말씀 이전의 소식입니다. 그렇다면 이전의 소식은 무슨 소식일까요? 바로 오도(悟道)입니다. 오(悟)는 마음 '심(心)'에 나 '오(吾)'를 붙여 '내 마음'이라는 의미를 담고 있습니다.

말씀 이전의 소식을 불교에서는 본래면목(本來面目)이라고 합니다. 널리 알려진 화두로 '부모미생전(父母未生前) 본래면목(本來面目)'이 있습니다. 부모님 태속에 들기 이전에 네 얼굴이 있다는 뜻입니다.

> 본래무면목 (本來無面目)인데, 유두분면래 (油頭粉面來)라.
> 대면공상어 (對面共相語)하나, 부시본래인 (不是本來人)이라.

> 본래 낯짝이 없는 것인데, 머리에 기름을 칠하고 얼굴에 분을 바르고
> 왔구나.
> 얼굴을 마주하고 대화를 나누나, 이것이 본래 나의 모습은 아니로다.

부처를 이뤘다고 하는 것은 사무량심(四無量心)을 갖춘 것입니다. 무량심, 곧 마음은 마음인데 무량한 마음이어야 합니다. 중생의 세계는 헤아림의 세계지만 부처의 세계는 헤아림이 없는 세계이기 때문입니다. '저 사람이 이렇게 말하는데 나는 무슨 말로 대응할까'를 계산하는 게 바로 중생의 세계입니다. 그러나 부처의 세계는 무량입니다. 계산이 없다는 말입니다. 사랑을 베푸는데 조건이 있다면 그건 이미 사랑이 아닌 것입니다.

자비희사(慈悲喜捨)를 사무량심(四無量心)이라고 합니다. 주되 계산이 없는 부처의 마음은 자(慈)가 무량이고, 비(悲)가 무량이고, 희(喜)가 무량이고, 사(捨)가 무량이어야 합니다. 우리 삶에는 여러 가지 문제가 많습니다. 그 문제를 제대로 보고, 제대로 해탈하고, 제대로 벗어나는 것이 불교에서 말하는 성불의 목적입니다. 그래서 우리 삶을 제대로

보기 위해 자비와 희사의 마음이 함께 이루어져야 하는 것입니다. 자비, 희사, 보시, 이행, 애어, 동사만 이루어지면 되는 것입니다.

그러나 중생의 세계는 즐거움을 주는 게 아니고 무엇을 줄까요? 흔히, "자네, 참 수고(受苦)가 많았네."라고 합니다. 이것은 "자네 고생을 잘 받아들였네."라는 뜻입니다. 이처럼 우리 중생의 세계에서는 여락(與樂)보다는 수고와 고통을 많이 줍니다. 여락을 하려면, 수고하지 말고 발고(拔苦), 즉 상대방의 고통을 덜어줘야 하는 것입니다.

발고여락(拔苦與樂)! 이게 바로 자비입니다. 남에게 줄 때는 계산이 없어야 합니다. 남의 고통을 덜어주는 것도 계산이 없어야 되고, 남을 기쁘게 해줄 때도 무량해야 됩니다. 이 세 가지를 실천하려면 우선 자기를 버려야 합니다. 내 속에 숨어 있는 계산서를 버려야 한다는 것입니다. 나를 버리는 연습을 충분히 했을 때 오도(悟道)가 됩니다.

오도가 되려면 견성(見性), 즉 성품을 봐야 됩니다. "자네 볼 면목이 없어."라고 할 때 여기서의 면목은 드러난 상이고, 무면목이 되면 견성을 했다는 뜻입니다. 성품은 모양이 없기 때문입니다. 한 사람의 성품이라고 하는 것은 끝없는 신구의 삼업을 통해 형성된 무형의 업(業)입니다. 업은 끝없는 행동으로 인해 쌓이는 것이기도 합니다. 그 행동의 쌓임을 관계 속에서 본인 스스로 인식을 하고 있으면 그 사람이 설사 욕을 했더라도 그리고 다른 엉뚱한 짓을 했더라도, '어, 그 사람 그럴 사람이 아니야. 반드시 그럴 이유가 있을 거야. 그 사람의 진면목이 아니야.'라고 생각하게 됩니다. 그 사람의 성품을 인식해 그 사람이 어떤 짓을 하더라도 다 받아줍니다. 그러나 성품을 모르고 겉으로 드러난 면목만 보면, '저 사람이 나에게 고통을 주는구나'라고 잘못 받아들일 수 있는 것입니다.

견성을 제대로 하면, 또 무면목을 제대로 보면 견성성불(見性成

佛)이라고 합니다. 바로 부처를 이루는 것입니다. 견성성불이 되려면 다음 네 가지 마음을 실천해야 합니다. 보시(布施), 이행(利行), 애어(愛語), 동사(同事)를 잘 실천하면 부처님의 마음을 보고 깨달을 수가 있는 것입니다.

팔만대장경을 아무리 많이 봐도 내가 깨닫지 못하면 아무 소용이 없습니다. 그래서 일체유심조(一切唯心造)라고 합니다. 일체는 오직 마음에서 이루어지는 것입니다. 그것을 보는 게 견성이고 부처를 이루는 것입니다.

우리가 매일 만나는
부처님

해마다 사월 초파일이면 어김없이 부처님께서 우리 곁에 오십니다. 우리는 부처님께서 이 사바세계에 오셨다는 것만으로도 많은 위안을 받습니다. 거리에는 온통 부처님 오심을 축복하는 등불이 오색 물결을 이룹니다. 그런데 정작 부처님은 어디에 계신 걸까요?

언젠가 신심 깊은 한 청년 불자가 큰스님을 찾아와서 부처님을 한 번 뵙게 해달라고 졸라댔습니다. 올해는 도대체 어떤 모습으로 오셨느냐고 성화를 했습니다. 성화가 얼마나 대단했던지 큰스님께서는 이렇게 말씀하셨습니다.

"저고리를 뒤집어 입고, 고무신을 거꾸로 신으신 모습으로 오셨습니다."

그 날부터 이 청년은 부처님을 뵙기 위해 저고리를 뒤집어 입고 고무신을 거꾸로 신은 분을 찾아서 전국 방방곡곡을 누비고 다녔습니다. 그러나 사람이 많은 동대문시장, 명동 거리, 시골 장터에도 부처님의 모습은 보이지 않았습니다.

그렇게 3년을 돌아다녔더니 몸은 지치고 마음마저 허탈해져 끝내 포기하고 말았습니다. 이제 부처고 뭐고 다 필요 없어진 청년은 지친 몸을 편안히 의지할 집과 어머니께서 해주시는 따뜻한 밥 한 그릇이 그리웠습니다.

그때 청년의 어머니는 아무 소식이 없는 자식을 위해 정성껏 기도를 하고 있었습니다. 매일 정화수를 떠놓고 자식이 아무 사고 없이 돌아오기만을 지극정성으로 기도했습니다.

"어머니!"

지친 몸을 이끌고 집으로 돌아온 청년이 대문을 열고 들어서며 가장 먼저 낸 소리였습니다. 밤잠을 못 이루며 오직 아들만을 그리워하던 어머니는 무척 놀랐습니다. '이게 꿈인가 생시인가. 아들의 목소리가 아닌가?' 잡히는 대로 옷을 입다보니 저고리는 뒤집어지고 급한 김에 섬돌 밑에 놓인 고무신도 거꾸로 신고 달려 나갔습니다.

"오! 내 아들이 살아 왔구나!"

그 모습을 본 청년의 두 눈이 번쩍거렸습니다.

"내가 그토록 찾아 헤매던 부처님이 바로 여기 계셨네! 그렇게도 그리워하던 부처님! 살아계신 부처님을 집 안에 모셔두고 밖으로만 찾아 헤맸구나."

　허송세월한 자신을 발견한 그 순간, 어머니의 모습으로 돌아오신 부처님을 만나게 된 것입니다.

　"이상형은 아무리 찾으려 해도 눈에 띄지 않는다. 서로 배려하며 생활하다가 문득 뒤돌아보면 곁에 있는 사람이 바로 이상형이며 우리가 만들어가는 것이다."〈오체불만족〉의 저자 오토다케 히로타다라는 청년 부처가 선천성 사지절단의 중증장애를 극복하고 반려자를 만나 결혼하면서 한 말입니다.

　부처님은 본래 오시거나 가신 바가 없습니다. 늘 우리와 함께 하고 계십니다. 우리 스스로 어리석음으로 눈을 가리고 있기 때문에 부처님을 곁에 두고도 보지 못하는 것입니다. 허망한 욕심과 쓸데없는 망상을 버리고 바로 보십시오. 지금 우리가 만나는 모든 인연 속에서 천백억 화신으로 나타나신 부처님을 볼 수 있을 것입니다.

원효 스님은 다산 정약용, 퇴계 이황과 더불어 우리나라를 대표하는 사상가 가운데 한 분입니다. '원효 이전에 원효가 없었고, 원효 이후에 원효가 없다.'고 할 정도로 원효 스님은 우리나라 사상계, 철학계에서 큰 산을 이루고 있는 성인이라고 할 수 있습니다.

원효 스님의 속성은 '설'씨입니다. '설'이라는 성을 가진 사람들은 모두 원효스님의 후손인 셈입니다. 후세인들로부터 '화쟁국사'라고 불리는 원효 스님의 주요 사상에는 세 가지가 있습니다. 첫째는 일심사상, 두 번째는 무애사상, 셋째는 화쟁사상입니다.

원효 스님이 주신 핵심적인 가르침은 발심수행(發心修行)입니다. 화쟁(和諍)하기 위해, 일심사상으로 돌아가기 위해, 무애사상으로 돌아가기 위해서 발심을 해야 한다는 것입니다.

발심은 발보리심(發菩提心)의 준말로서 마음을 크게 확대하는 것입니다. 필 '발(發)' 자를 보면 두 사람이 등을 지고 있는 모습이 보입니다. 그리고 활 '궁(弓)' 자에 던질 '투(投)' 자가 붙어 있습니다. 화살을 쏘면 포물선을 그리면서 날아갑니다. 이처럼 마음을 좁게 보는 것이 아니라 넓고 크게 한다는 것입니다. 마음을 크게 넓힌다는 것은 '눈을 크게 뜬다'는 것이고, 그만큼 포용과 관용의 정신을 갖는다는 것입니다. 또 상대방을 이해하고 배려한다는 의미를 내포하고 있습니다.

옛날 사람들은 발심을 두고 발보리심(發菩提心)이라고 했습니다. 보리(菩提)라는 말은 '깨닫는다'는 의미가 있습니다. 견성(見性), 즉 자기의 성품을 봄으로써 부처를 이루는 것(成佛)을 보리심이라고 합니다. 내가 나를 보게 되면 화를 낼 필요도 없고, 남을 탓할 이유도 없습니다. '발심한다'라는 뜻은 작심(作心)한다는 것과 의미가 같습니다. '마음을 짓는다. 또는 마음을 낸다'는 것입니다. 발심한 사람은 미움이 없어집니다. 또 상대방에 대해 배려하는 마음을 갖습니다. 발심이라고 하는 것은 자기 것을 지키려고 하는 마음이 아니고, 자기 것을 포기하는 마음을 의미합니다. 또 발심이라는 것은 현재 가진 모든 것을 바쳐서라도 진리를 얻고자 하는, 진리를 향한 조건 없는 마음입니다. 그리고 발심은 이익이 될 것인가, 손해가 될 것인가를 계산하지 않는 순수한 마음이기도 합니다.

발심은 자신을 돌이켜보는 마음이지 남을 탓하는 마음이 아닙니다. 그래서 〈금강경〉에서 '보살에게 가장 중요한 것이 보리심을 낸다는 것이다.'라고 했습니다. 보리심을 낸다고 하는 것은 내가 내 것을 지키려고 하는 것이 아니라 자기 것을 포기하는 것입니다. 불교적인 용어로 아상, 인상, 중생상, 수자상을 버린다는 것입니다.

중생은 예쁜 부인하고 지나가다가도 더 예쁜 여인이 지나가면 바로 쳐다봅니다. 바로 눈이 보이기 때문에 색에 걸리는 것입니다. 또 누가 욕을 하면 곧바로 응대를 합니다. 장애에 걸리는 것입니다. 이처럼 중생은 다 걸립니다. 그러나 부처는 걸리지 않습니다. 부처님은 봐도 본 것이 아니고, 들어도 들은 것이 아니고, 또 해도 한 바가 없습니다.

원효 스님은 하되 한 바가 없이 했기 때문에 성사(聖師)로서 남는 것입니다. 원효 스님은 "발보리심의 세계로 발심수행하라, 발보리심의 세계로 자기를 돌이켜 보라."고 했습니다. 그러나 당시에는 문자를 아는 사람이 거의 없었기 때문에 이렇게 어려운 말을 알아듣는 사람이 많지 않았습니다. 그래서 스스로를 '소성거사(小性居士)'라고 하면서 바가지를 두드리며 '나무아미타불~ 나무아미타불~'을 가르치고 다녔던 것입니다.

"야! 나무아미타불~ 하면 다 끝나. 나무아미타불이 뭐냐? 발보리심이지. 나무아미타불은 지혜의 세계로 자기를 돌이키라는 것이고 중생의 세계에서 부처의 세계로 건너가는 것은 나무아미타불이다."

이렇게 '나무아미타불~'을 외치면서 다녔다고 합니다. 원효 스님은 스스로 귀족의 신분을 버리고, 자신을 낮추는데 걸림이 없었던 것입니다. 아상에 걸려 있었으면, '내가 귀족의 신분으로 어떻게 그럴 수 있어?' 하면서 못했을 것입니다.

"요석공주와 결혼을 했기 때문에 나는 출가사문이 아니다. 나는 거사다." 이렇게 자신의 처지를 스스로 인정하고 낮추며 시골 마을을 다니면서 '나무아미타불'을 가르친 것입니다. 원효 스님은 불교를 고상하게 포교한 것이 아니라 가장 쉬운 방법으로 백성들 가까이 다가간 것입니다. '나무아미타불~!'

수행(修行)의 뜻을 살펴보면 아득할 '유(攸)' 자에 터럭 '삼(彡)' 자, 아득히 흘러가는 물에 머리를 감는 것처럼 하는 것을 수(修)라고 합니다. 또 행(行)은 두 사람이 촘촘하게 가는 것을 의미합니다. 행복하게 사는 지름길이 발심하는 길입니다. 모두 발심수행자가 되시길 바랍니다.

내려놓는다는
그 생각마저도

시각장애인 한 사람이 길을 걷다가 그만 발을 헛디뎌 낭떠러지로 떨어질 위험에 처했습니다. 그는 본능적으로 길가의 나뭇가지를 붙잡고 매달렸습니다. 그리고 살려달라고 힘껏 소리쳤습니다. 사람들이 지나가면서 보니, 우습게도 그는 가로수에 매달려 외치고 있는 것이었습니다. 지나가던 사람들이 그에게 그냥 손을 놓으라고 일러주었습니다.

"그 손을 놓으세요. 손만 놓으면 살 수 있겠구먼."

그러나 그럴수록 그는 있는 힘을 다해 매달렸습니다. '사람들이 나를 구해주기는커녕 죽으라고 아예 손을 놓으라고 하는구나.' 하는 생각을 하며 오히려 행인들을 원망했습니다.

시간이 흐르면서 그는 점점 힘이 빠졌고 더 이상 버틸 수 없게 되었습니다. '이젠 꼼짝없이 낭떠러지에 떨어져 죽겠구나.' 하고 생각하며 버티다가 그만 나뭇가지를 놓치고 말았습니다. 그런데 이게 웬일일까요? 그의 두 발은 그냥 땅 위에 놓여 있었습니다. 그제야 그는 자신의 어리석음을 탓하며 '진작 놓을 걸.' 하고 후회를 했습니다.

경전에 나오는 비유의 말씀입니다. 눈 먼 이는 우리 중생들의 모습이요, 눈 뜬 이는 부처님과 같이 깨어있는 성인입니다. 그렇게 놓지 못하고 잡고 있던 나뭇가지는 어리석은 우리들의 오욕(伍慾)을 일컫습니다. 놓으면 되는 것을 놓지 못하는 중생의 업장이란 그처럼 두텁고 어려운 것입니다. 누구나 욕망에 사로잡히면 비좁은 골방에 갇힌 것처럼 정신의 소재를 잃어버립니다.

이 세상에 내 것이란 아무것도 없습니다. 내 몸이라 여기는 것도 따지고 보면 내 것이 아니기 때문입니다. 마음속에 애착이 있으면 좋고 나쁨을 가리게 되고, 중생을 구별하는 분별심이 나오게 됩니다. 삶에 있어 모든 괴로움은 소유욕으로부터 시작됩니다. 그러므로 진정 어리석은 집착을 놓아버릴 수만 있다면 우리의 삶은 축복과 누림의 혜택을 입을 수 있습니다.

우리 법당 일주문에는 '이 문에 들어오는 자는 모든 알음알이를 내려놓으라'고 쓴 주련이 걸려 있습니다. 수행이란 바로 내려놓음으로부터 시작하기 때문입니다. 내려놓기 위해서는 우선 아상(我相), 즉

나만이 최고며 옳다는 자기중심적 사고를 꺾어야 합니다. 두 팔과 허리 그리고 두 다리를 꺾어 바닥에 닿게 함으로써 철저히 나를 놓는 것입니다. 그 수행이 곧 절(折)이요, 이것을 행하는 장소가 절(寺)인 것입니다. 그러므로 절(拜)은 더 채우고자 얻으려는 기도가 아닌, 내려놓고(下心) 비우는(空) 수행법입니다. 그래서 선가(禪家)에서는 방하착(放下着)이라고 하여 다 내려놓으라고 합니다.

다시 말하지만, 이 세상에 '나'라는 것은 없습니다. 당연히 내 것이란 것도 없습니다. 내 것이라는 허망한 생각 속에 전도된 집착을 하나씩 버리는 연습을 해야 합니다. 진정 놓아버릴 때 우리는 걸림 없는 자유를 누리게 될 것입니다. 방하착! 내려놓겠다는 그 생각마저 내려놓아야 합니다.

인내와 기다림이
필요할 때

누구나 살아가면서 한 번쯤은 좌절과 고통, 실패의 쓴 맛을 경험하게 됩니다. 지금 이 시간에도 나름대로 마음에 큰 고통과 번민을 지니고 있는 사람이 많을 것입니다. 실패는 누구에게나 쓰디쓴 맛이고, 쓴 맛을 좋아하는 사람은 아무도 없습니다. 하지만 그것을 극복하지 못했을 때 누구도 성공한 사람은 없습니다. 역경과 고난 앞에서 우리는 어떤 모습으로 서야 할까요?

부처님 제자 가운데 '판타카'라는 사람이 있었습니다. 그는 매우 어리석어서 상당 기간을 부처님의 제자로 있으면서도 법구 한 구절을 제대로 외우지 못했습니다. 그래서 사람들은 그를 '바보 판타카'라고 놀려댔습니다. 동료들의 이런 놀림에 갈등하던 판타카는 어느 날 더 이상 불문에 있어봐야 소용이 없겠다는 생각이 들어 환속을 결심했습니다.

때마침 외출에서 돌아오시던 부처님께서 판타카가 떠나려는 것을 아시고 그를 불러 세워 특별한 가르침을 베푸셨습니다. 다른 일은 하지 말고 외출에서 돌아오는 비구들의 발을 닦아주라는 것이었습니다. 또한 비구들에게는 그 대가로 판타카를 위해 '쓸고 닦아라'는 법문을 일러주도록 하셨습니다.

판타카는 부처님의 가르침대로 그 일을 묵묵히 해냈습니다. 물론 때때로 창피한 마음과 어리석은 자신에 대한 분노가 치밀어 올랐지만 참고 열심히 수행을 했습니다. 그러던 어느 날 판타카는 문득 깨달음을 얻게 됩니다. 번뇌를 쓸고 죄업을 닦으면 본래의 진여자성이 환하게 빛나게 됨을 알게 되었던 것입니다.

혹자는 왜 입에 쓴 약을 먹고 아픈 주사를 맞아야 되느냐고 반문을 합니다. 이유는 분명합니다. 잘 살기 위해서입니다. 요즘 우리 젊은 세대들은 참을성이 없고 조급합니다. 인생에서 성공하려면 기다림과 여유가 필요합니다.

만해스님의 '조선 청년에게' 글 가운데 나오는 구절입니다.

"오늘의 조선 청년은 행운아다. 바꾸어 말하면 조선 청년에게 행운을 주는 득의의 시대다. 왜냐하면 조선 청년의 주위는 역경인 까닭이다. 역경을 깨뜨리고 아름다운 낙원을 자기 손으로 건설할 만한 기운을 만났다는 말이다. 편안한 시대에 나서 하염없이 살지 않고, 다행히 유위의 시대에 나서 좋은 일을 제 손으로 많이 할 수 있다는 말이다. 아아! 좋은 일의 자료가 되는 역경에 싸여 있는 조선의 청년은 득의의 행운아다.” 매미의 유충도 땅 속에서 7년이나 따가운 햇살을 고대해야 하고, 매화는 매서운 추위를 참아내야 그 향기를 퍼뜨리는 것입니다. 빛나는 인물들의 영화 뒤에는 숨겨진 땀과 눈물과 고통의 시간이 있었던 것입니다. 인내하고 기다리는 사람에게는 반드시 빛나는 성취가 있을 것입니다.

〈보왕삼매론〉에서도 일러줍니다. “세상살이에 곤란함이 없기를 바라지 말라. 세상살이

에 곤란함이 없으면 업신여기는 마음과 사치한 마음이 생겨나니, 근심과 곤란으로 세상을 살아가라. 이와 같이 막히는 데서 도리어 통하는 것이요, 행함을 구하는 것이 도리어 막히는 것이니, 어찌 저의 거스르는 것이 나를 순종함이 아니며 저가 방해하는 것이 나를 성취하게 함이 아니리요.”

대개 우리는 부처님께 기도를 할 때 ‘이루어주시옵소서.’ 하고 마지막에 붙입니다. 그런데 그냥 ‘이루어주시옵소서.’라고 하면 안 됩니다. 어떤 일을 하더라도 뜻을 이루려면 지심귀명례, 즉 ‘지극한 마음으로 제 목숨을 내놓고 부처님께 돌아가서 의지하겠습니다’라고 해야 됩니다. ‘내 목숨을 내놓고’ 이게 지심귀명례입니다. 이 정도는 해야 부처님께서도 응답을 하십니다.

운명은 정해진 것일까요? 물론 타고난 운명이 있습니다. 그러나 운명은 정해진 것이 아닙니다. 운명은 운전할 '운(運)'에 목숨 '명(命)' 자입니다. 우리의 생명은 핸들을 잡고 어떻게 운전하느냐에 따라서 달라진다는 것입니다. 그러기 위해 자기 자신을 늘 깨우쳐줘야만 됩니다. 바르게 깨우쳐주는 것이 바로 기도입니다. 그렇기 때문에 하늘이 내게 복을 박하게 줬다고 실망할 필요가 없습니다. 다음 글을 음미해보시기 바랍니다. 이렇게만 하면 자신의 운명이 달라질 것입니다.

하늘이 나에게 복을 박하게 준다면,
나는 내 덕을 두텁게 쌓아 이를 막을 것이고

하늘이 내 몸을 수고롭게 한다면,

나는 내 마음을 편하게 함으로써 이를 보충할 것이며

하늘이 내게 곤액(困厄)을 준다면,

나는 도(道)를 형통케 함으로써 이를 뚫을 것이니라.

그러면 하늘인들 내게 어찌하랴?

天 薄我以福 吾厚吾德以我之 天勞我以形 吾 逸吾心以補之

天 扼我以遇 吾亨吾道以通之 天且我奈何哉

— 〈채근담(菜根譚) 제90장〉

그런데 우리는 왜 '내가 나답지 않다'고 생각하는 것일까요?
다음 글을 보겠습니다.

내가 불안한 이유는 인정받기 위해서나 불필요한 것을 추구하기 때문입니다.

내가 급한 이유는 여유로움이 부족하기 때문입니다.

내가 게으른 이유는 나에게 큰 불행이 없었기 때문입니다.

내가 화내는 이유는 상대가 나의 싫은 모습을 하기 때문입니다.

내가 슬프고 우울한 이유는 모든 것을 남과 비교하기 때문입니다.

내가 힘든 이유는 처음과 같은 마음이 아니기 때문입니다.

내가 집중하지 못하는 이유는 나의 관심이 분명하지 않기 때문입니다.

내가 상대를 미워하는 이유는 상대가 나라는 걸 모르기 때문입니다.

내가 내 모습을 보지 못하는 이유는 변화무쌍한 성격과 감정의 틀에

간혀 있기 때문입니다.

내가 잘 안 되는 이유는 욕심과 바람이 크기 때문입니다.

그렇습니다. 우리는 이런저런 이유로 본래의 나답지 못하게 살고 있으며 스스로를 끝없이 통제하고 실패에 대한 두려움을 안고 삽니다. 이제 내가 할 일은 그런 나를 인정하고 주위에 대한 조건 없는 사랑과 나의 의식을 넓히는 것입니다.

먼저, '큰 나'를 만들기 위해서는 우선 포용력을 길러야 합니다. 태산이 큰 산이 될 수 있었던 것은 불사토양(不辭土壤)의 정신때문이라고 했습니다. 즉 태산은 한 줌의 작은 흙이라도 사양하지 않았기 때문에 큰 산이 될 수 있었던 것입니다.

우리가 살다보면 즐거움과 괴로움이 교차하기 마련입니다. 보통 중생은 좋은 일만 취하려 하고 나쁜 일은 피하려고 합니다. 그러나 좋은 일도 나쁜 일도, 좋은 사람도 나쁜 사람도, 마음에 드는 사람도 안 드는 사람도 모두 흡수했을 때 큰 강을 이룰 수 있습니다. 불법의 바다는 이와 같은 것입니다.

사람이 살아가면서 뜻을 이루기 위해서 가슴에 새겨야 할 글이 있습니다. 감인대(堪忍待), 이것만 잘 간직하면 됩니다. 여기서 감은 견딜 '감(堪)'입니다. 어떤 난관이 오더라도 잘 견뎌내야 합니다. 쇠가 단단해지려면 용광로 속에 들어가서 수만 번 담금질을 당해야만 합

니다. 하늘은 사람에게 큰 일을 그냥 맡기지 않습니다. 반드시 역경을 주고, 그것을 극복하는가 못하는가를 본 다음에 결정을 합니다.

그 다음에 참고 기다릴 줄 알아야 합니다. 기다릴 줄 아는 지혜가 필요합니다. 매미 유충은 매미가 되기 위해서 7년을 기다립니다. 우리도 이처럼 느긋하게 기다릴 줄 아는 마음이 필요합니다. 기도를 하면서 '어째서 이뤄지지 않습니까?'라고 하면 안 됩니다. 부산 범어사에 주석하셨던 동산 큰스님께서도 "큰 뜻을 이루려면 인내하는 법을 길러라!"고 늘 당부하셨습니다.

충남 부여에 가면 무량사라는 오래 된 절이 있습니다. 무량사에는 우리나라에서 가장 큰 토불(土佛)이 있는데 이에 얽힌 유명한 일화가 있습니다.

무량사에 주지 스님이 부임하여 토불 개금(改金)을 위한 원을 세우고 백일기도에 들어갔습니다. 백일기도 후반기에 청년 한 명이 찾아왔습니다. 이 청년은 일주일 동안의 기도를 끝내고 가면서 마당에 서 있는 주지스님에게 다가갔습니다.

"스님은 무슨 기도를 하고 계십니까?"

"개금불사 원력을 세우고 기도를 하고 있습니다."

"얼마나 듭니까?"

"한 오천만 원 듭니다."

"그거 제가 해드리겠습니다."

이렇게 해서 개금불사를 하게 되었습니다. 스님은 뜻을 이룬 것입니다. 그런데 개금불사를 잘 하고 몇 달이 지났습니다. 어느 날 갑자기 이 청년이 칼을 들고 씩씩거리면서 절에 달려와 부처님을 원망하면서 부처님 옆구리를 칼로 찔렀습니다.

대부분 사람들은 '불사를 했으니 공덕을 지었기 때문에 일이 순조롭게 잘 풀릴 것'이라는 생각을 합니다. 그런데 이 청년은 개금을 한 뒤부터 가세가 기울기 시작해 있는 재산마저 다 탕진했던 것입니다. 더구나 몸도 시름시름 아파왔으니 부처님을 원망할 수밖에 없었던 것입니다. '나에게 이런 시련을 주다니…' 원망의 마음이 가득 찬 청년은 결국 부처님을 칼로 찔렀고 그렇게 절을 나오다가 호랑이에게 물려 죽었습니다.

그런데 50년 후에 부여군수가 부임을 해서 관내 무량사에 시찰을 하러 왔습니다. 법당에 가서 참배를 하다가 부처님 옆구리에 칼이 꽂혀 있는 것을 봤습니다. 그 칼은 다른 사람이 빼려고 해도 빠지지 않아 그대로 있었습니다.

"여보게, 뜻을 이뤘으니 내게서 칼을 빼주게나."

무심코 참배를 하는 군수의 귓전에 이런 소리가 들린 것입니다. 그래서 군수가 올라가서 칼을 빼니 쑥 빠졌습니다. 군수는 바로 주지 스님께 달려갔습니다.

"어찌 된 연유입니까?"

"결자해지(結者解之)! 찌른 사람이 빼야 될 게 아닌가!"

군수는 개금불사를 한 청년이 죽어서 환생을 해 다시 온 것입니다. 주지 스님의 말씀으로는, 개금불사를 한 공덕으로 삼세에 받을 몸을 한 생에 끝내버리고 왔다는 것입니다. 그러니 이 사람은 한 생은 정말 복이 많아 부자로 살았지만, 그 다음 한 생은 병을 시름시름 앓다가 죽을 팔자요, 그 다음 한 생은 교통사고 당해서 죽을 팔자요, 그 다음 생에 와서 군수가 될 팔자였던 것입니다. 결국 뜻을 이룰 팔자인 것입니다. 그런데 부처님께 개금한 공덕으로 삼생에 받을 보를 한 생에 끝내버리고 다음 생에 받아와서 보로 남게 된 것입니다.

어떠한 일이 나한테 다가오더라도, 그것이 즐거움이거나 심지어 고통일지라도 그 곤액들은 다 의미가 있는 것입니다. 모두 내 것으로 받아들여 소화를 하면 업장이 소멸되고, 자기가 원하는 바의 뜻을 이룰 수가 있습니다.

본래면목은 본래 나의 모습입니다. 그러나 본래 나의 모습은 형상이 없습니다. 이 몸뚱이는 부정(父精) 모혈(母血)로 이루어져 형상이 있지만 부모미생전(父母未生前), 부모님의 태속에 들기 전 나의 모습은 형상이 없습니다. 그러나 없다고 해서 없는 게 아니고, 분명히 존재합니다.

우리는 무슨 일을 해놓고 바라는 대로 이루어지지 않을 경우 '뵐 면목이 없다'고 합니다. 이때 면목이란 본래 자신이 갖고 있는 원래의 의도하는 바 마음이요, 양심이요, 순수한 자성 자리입니다. 상대방을 향해 표현은 못하지만, 표현되고 있는 겉모습과는 다른 속마음인 것입니다.

이것이야말로 진실한 마음입니다. 그래서 사람이 비록 실수를 하더라도 그 사람의 진실이 그렇지 않은 줄 알면 모두 용서가 되고 오히려 격려해줍니다. 반대로 겉모습은 그럴싸 하지만 속마음이 그렇지 않을 줄 알면 그 사람은 무엇을 하든 신뢰받지 못합니다.

본래무면목(本來無面目) 본래 면목이 없는데
유두분면래(油頭粉面來) 얼굴에 분칠하고 머리기름 바르고 왔구나.
대면공상어(對面共相語) 서로 얼굴을 맞대고 대화를 나누나
부시본래인(不是本來人) 이것이 본래 나의 모습은 아니로다.
유시불유유(有時不有有) 있을 때 있지 않은데 있다고 하고
무시불무무(無時不無無) 없을 때 없지 않은데 없다고 한다.
유무구방하(有無具放下) 있고 없음을 모두 다 놓아버려도
갱유시심마(更有是甚麼) 또 다시 있으니 이것이 무엇인고?

본래 면목은 형상이 없기 때문에 하루아침에 보여줄 수 없는 것입니다. 그것은 오랫동안 관계를 통해서 그 사람의 말과 행동을 통해 형상 없이 보이고 인식될 뿐입니다. 때문에 본래 면목은 평소 그 사람의 생각과 말과 행동을 통해 나타나고 쌓인 삶의 자취요, 전부인 것입니다.

본래 진실하고 변함이 없는 마음이 확인되면 그 사람이 없어도 언제나 함께 있는 것이요, 마음이 진실과 계합하지 못하면 같이 있어도 따로 있는 것입니다. 본래 너그럽고 자비롭고 지혜로운 이 성품은

누구나 갖고 있습니다. 이것이 본래 면목입니다.

그런데 어떤 이는 이를 끄집어내 한없이 쓰는가 하면, 어떤 이는 보지도 못하고 쓰지도 못하며 스스로 바보가 되어 살아갑니다. 그래서 우리의 생각이 늘 깨어 있어야 하는 것입니다. 본래 면목과 하나 된 사람은 일체에 걸림이 없는 당당한 자유인이 될 수 있습니다.

모두 비워 맑게 하라

해우소(解憂所)란 불교에서 '근심을 푸는 곳', 곧 화장실을 일컫는 표현입니다. 향토사단에 근무할 때의 일입니다. 그 곳에는 큰 범종이 있어 제가 매일 조석 예불 시 범종을 타종했습니다. 타종을 하는 시간은 보통 15분 정도 소요됩니다.

그 날도 어김없이 시간에 맞춰 기상을 했습니다. 그런데 두어 번 정도 타종을 했을 때 갑자기 뱃속이 요동을 치며 뒷일이 급해지기 시작했습니다. 젊잖게 게송을 읊으며 타종을 하던 평소와는 달리 용무가 급해진 나는 아무 생각도 할 수 없이 신경은 오직 그쪽으로만 쏠렸습니다. 도중에 그만둘 수도 없는 터라 할 수 없이 빠른 타종으로 5분만에 끝내버렸습니다. 안간힘을 다해 참아내면서 발꿈치를 들고 살금살금 해우소로 향하는데 '지척이 만리라'는 생각이 들었습니다.

겨우 당도해서 마침내 볼일을 볼 수 있었습니다. 그때의 그 시원함과 상쾌함이란 지금도 잊을 수가 없습니다. 급한 순간을 넘기고 앞을 바라보던 나는 순간 뒷머리를 크게 얻어맞은 듯 강렬한 전율을 느꼈습니다.

그 순간 떠오른 것은 불자들이 평소 화장실에서 용무를 보며 읊는 '입측오주(入厠五呪)'였습니다. '버리고 또 버리니 큰 기쁨 있네. 탐진치 삼독도 이같이 버려 한순간의 죄악도 없게 하리라. 옴 하로다야 사바하.'

'비우고 맑힘은 최상의 행복, 꿈같은 세상을 바라보는 길. 원하옵나니, 사랑하는 나의 이웃들 청정한 저 국토에 어서 가소서. 옴 하나 마리제 사바하.'

평소에는 습관처럼 요식적으로 읊던 그 주문이 그 날에는 가슴 뭉클하며 나의 뒷머리를 치고 다가왔던 것입니다. 우리는 평소에 많을 것을 얻고, 갖고, 먹고 싶어 합니다. 그러나 아무리 비싸고 맛있는 음식이라도 먹고 난 후에는 반드시 배설해야만 속이 편하고 개운합니다. 이처럼 마음 가운데 못된 생각, 어두운 생각도 확 버려야 합니다.

또한 한때의 아름다움, 권력, 명예, 젊음도 결국은 버리고 떠나게 됩니다. 버리고 떠난 것에 대한 집착보다는 비우고 맑힘이 얼마나 큰 행복일까요? 해우소에는 아무리 지엄한 권력의 황제도, 별을 단 장군도, 대재벌의 회장님도, 절세의 미인도 혼자입니다. 다른 모든 것은 비

서가 챙겨줄 수 있어도 이 일만큼은 그 누구도 대신 해결해 줄 수 없습니다. 오직 자기 자신만이 해결해야 할 자신의 문제인 것입니다.

불교 최고의 이상인 성불이니 해탈이니 하는 것도 자신의 노력에 의해서만 성취할 수 있습니다. 스스로 깨우쳐 이루지 않으면 그것을 대신해 이룰 수 있는 존재란 없다는 것입니다. 옛 성인의 말씀에도 '도(道)가 사람을 멀리 하는 것이 아니라, 단지 사람이 도를 멀리 한다.'고 했습니다.

그 날, 사단장의 부관으로부터 뒤늦게 전화를 받았습니다. 아침 운동을 하던 사단장이 평소와는 다른 타종 소리를 들었던 것입니다.

"오늘 법사님 기분이 안 좋으셨습니까?"

웃으면서 해명을 했습니다. 그러나 그 때 그 일은 진리란 결코 멀리 있는 것이 아니라 미처 인식하지 못했던 평범한 일상 속에 있음을 깨우쳐 준 경험이었습니다. 그 날 이후 저는 매일 용무를 볼 때마다 근심을 푸는 그 곳에서 진언(眞言)을 외웁니다.

더러움 씻어내듯 번뇌도 씻자.
이 마음 맑아지니 평화로움 뿐.
한 티끌 더러움도 없는 저 세상
이 생을 살아가는 한 가지 소원.
옴 시리에 바혜 사바하.

함께 누리고
나누는 행복

올 여름에는 마당 앞에 조그만 텃밭을 가꾸어 자연이 주는 무량한 혜택을 누렸습니다. 상추는 별 재미를 못 봤지만 풋고추와 피망, 치커리, 방울토마토는 실컷 따 먹었습니다. 몇 평 안 되는 조그만 땅에서 자연은 말없이 많은 것을 베풀어 주었습니다. 계절을 거스르지 않는 자연은 처서가 지나자 열매들을 더 이상 내놓지 않고 내년을 기약하며 '올해는 여기까지만!' 하듯 스스로 자신의 모습을 거두어들이는 모습이었습니다.

'눈을 뜨고 바라보면 어디서나 부처님의 모습, 귀를 열고 들어보면 어느 때나 부처님의 음성'이라는 말처럼 비로자나 법신의 무언의 설법에 그저 삼배만 올릴 따름입니다.

이제 머지않아 다가올 가을바람이 쓸쓸한 심사를 더할 것 같습니다. 우리 법당에서 5분 거리에 그림 같은 전원주택에서 화초를 가꾸며 살아가는 60대 보살님 한 분이 계십니다. 어느 날 지나는 길에 들러 집 안을 한 번 둘러봤습니다.

"보살님, 참 좋으시겠습니다. 이렇게 좋은 집에 사시니…"

"좋으면 뭐 합니까? 외로운데요. 같이 누릴 사람도 없고… 속 모르는 친구들은 놀러 와서 모두 다 그렇게 부러운 듯 얘기하지만 혼자서 뭔 재미가 있나요?"

아들과 딸이 있지만 모두 출가해서 어쩌다 한 번씩 올 뿐이라고 합니다. 그러니 보살님 혼자서 그 큰 집에서 소일하신다는 말씀입니다. 남편과 함께 살려고 했는데 전원주택이 거의 완성될 즈음 병환으로 먼저 세상을 뜨셨다고 합니다. 보살님의 눈가에 금세 눈물이 글썽거립니다.

그래서 세상은 좋은 것도 좋은 것이 아니요, 있어도 있음이 아니요, 없어도 없음이 아니라는 것입니다. 모든 것에 걸림이 없는 삶이라야 잘 사는 삶인데, 있고 없음을 모두 놓아버려도 또 다시 걸리는 게 업이라고 합니다. 도대체 마음의 주소는 어디쯤에 두어야 만족하려는지 모르겠습니다. 지금 이 순간, 누리고 나눔에 감사하는 삶이 되도록 하십시오.

부처님의 바다는
한 맛

달마와 인연이 있는 남조의 양나라 무제는 신심이 지극하여 불심천자(佛心天子)로 불리었습니다. 어느 날 그가 국정을 논하기 위해 합두 선사를 초청했습니다. 바둑을 무척 좋아했던 그는 잠시 신하와 바둑에 몰입해 있었습니다.

"폐하! 합두 스님을 모셔왔습니다."

얼마나 몰입해 있었는지 신하가 고하는 소리를 듣지 못했습니다. 그리고 상대의 대마를 향해 "에잇! 죽여 버려."라고 소리를 질렀습니다. 그 소리를 들은 신하는 평소 성격이 불같기로 유명한 무제의 외침을 무시할 수 없었습니다. 그래서 다시 진언할 엄두도 내지 못하고 바로 합두 스님을 형장으로 끌고 갔습니다. 그리고 스님께 이렇게 이야기를 했습니다.

"스님! 대단히 죄송합니다. 무슨 영문인지는 모르오나 스님을 모시고 왔다고 말씀을 아뢰오니 폐하께서 크게 진노하시면서 처형을 명하셨습니다. 어찌해야 하옵니까?"

"걱정 말고 어서 가세."

합두 스님은 스스로 단두대에 올라 앉아 가부좌를 틀고 게송을 읊었습니다.

사대본래공(四大本來空)

오온본비아(五蘊本非我)

이수전춘풍(以首前春風)

유여단춘풍(猶如斷春風)

사대육신 본래 비어 공함이요,

오온 또한 본래 내가 아니로다.

머리 들어 봄바람에 나아가니,

봄바람을 베는 것과 똑같도다.

그리고 다시 태연한 자세로 웃으면서 자신의 업보에 대해 첨언을 하셨습니다.

"내가 먼 전생에 조그만 동자승으로 있었을 때 산골 밭을 매다가 나도 모르는 사이에 괭이로 두꺼비 한 마리를 찍어 죽인 일이 있었다. 그 때 죽은 두꺼비가 오늘날 양무제가 된 것이라네. 그 때 내가 일부러 죽이려고 해서 두꺼비를 죽인 것이 아니듯이, 오늘의 양무제 또한 본인조차 알지 못하는 사이에 나를 죽이는 것이니 이 모든 게 전생의 과보를 받는 것일 뿐이라네."

뒤늦게야 이 상황을 전해 들은 양무제는 그만 넋을 잃고 눈물로 참회를 했습니다. 그리고 그 이후로 다시는 바둑을 두지 않았다고 합니다.

〈벽암록〉이라는 책에는 줄탁동시(啐啄同時)라는 화두가 있습니다. 닭이 알을 깨고 나와 병아리가 되려면 약 21일 동안의 부화기간을 거치게 됩니다. 건강한 수정란이 안에서 21일 동안 기다렸다가 나갈 때가 되면 신호를 보냅니다. 이때 안에서 알을 쪼는 것을 '줄'이라 하고, 어미닭이 알을 품고 있다가 밖에서 쪼아주는 것을 '탁'이라고 합니다. 그래서 줄과 탁이 동시에 하나가 됐을 때 비로소 하나의 생명체가 탄생할 수 있습니다.

선가(禪家)에서 제자들이 스스로 정진해서 어느 정도 공부를 한 후 스승님께 점검을 받기 위해서 신호를 보냅니다. 이때 참된 스승님은 제자들의 어느 정도 완숙해진 그 순간을 놓치지 않고 탁 쳐주어 깨우침을 얻게 해주십니다. 그래서 이것을 시절인연(時節因緣)이라고 합니다. 삶에서 중요한 일들은 이 시절인연이 잘 맞아떨어져야 이룰 수 있습니다, 이 시절인연을 잘 이루려면 줄탁동시(啐啄同時)가 이뤄져야 합니다.

어미닭은 건강한 수정란만 품지, 무정란이나 썩은 알은 품어주지 않습니다. 행복한 가정은 부부의 줄탁동시가 잘 이뤄졌을 때 가능한 것이고, 훌륭한 인재도 스승과 제자가, 세계적인 기업도 노사가, 훌륭한 군대도 지휘관과 부하의 줄탁동시가 잘 이루어졌을 때 하나가 되고, 또 그 뜻을 잘 이룰 수가 있는 것입니다.

그렇다면 줄탁동시(啐啄同時)를 어떻게 잘 이뤄낼 수 있을까요?

중국의 유명한 조동종의 창시자인 동산양개 화상이 훌륭한 스승이 제자들을 깨우쳐주는데 다음 3가지 길, 즉 동산 3로를 일러주고 있습니다.

첫째, 조도(鳥道)입니다. 새는 허공을 날아가도 흔적을 남기지 않는다고 합니다. 이는 곧 공명심과 공리심을 버리고, 집착과 얽매임이 없는 자유자재한 삶을 말합니다. 무언가 내 발자취를 남겨야겠다는 생각을 버렸을 때 진짜 발자취가 남게 되는 것입니다.

둘째, 현로(玄路)입니다. 이는 유무(有無)와 미오(迷惡) 등 분별적 차별적 견해를 초월한 공(空)의 실천적인 수행을 말합니다. 즉, 잘 나고 못난 사람과의 구별을 두지 말라는 이야기입니다.

셋째, 전수(展手)입니다. 이는 학인을 제접하는 방편으로서, 선사가 두 손을 펼쳐 학인을 환영하며 학인으로 하여금 곧바로 선문에 들게 한다는 것입니다. 즉, 내가 이룬 것을 제자들에게 회향하는 것을 말합니다. 향상일로(向上一路)에 머무르지 않고, 한 걸음 더 나아가 앎을 세속에 회향할 때 비로소 대중설법을 할 자격을 갖추게 되는 것입니다. 이 길을 통과하지 않고는 줄탁동시의 시절인연도 만날 수 없을 것입니다. 또 '양의공수'라, 폼만 잡다가는 병아리가 부화시기를 놓쳐서 탄생의 기쁨도 맛보지 못하고 껍질 속에서 한 많은 생을 마감할 수밖에 없습니다.

그렇다면 동산 선사의 3로를 원칙으로 삼아 아랫사람을 잘 이끌려면 어떤 게 중요할까요? 경전을 보면 〈육화경(六和敬)〉이 있습니다. 여섯 가지를 화합하되, 강제적인 것이 아니라 마음에서 우러나서 받드는 마음으로 공경해야 한다는 것을 의미합니다.

육화정신(六和精神)에 대해 알아보겠습니다. 세 사람 이상이 모여 승단을 이루면 다음 여섯 가지를 잘 화합해야 합니다.

첫째, 신화동주(身和同住)입니다. 몸은 함께 삶으로서 화합합니다. 즉 혼자만 편안하게 살려고 하지 말고 항상 겸손해야 함을 의미합니다. 누구는 쌀밥을 먹고 누구는 보리밥을 먹으면 불평이 생기기 마련입니다. 불평이 생기면 질투와 갈등을 유발해서 화합을 깨뜨리게 되는 것입니다. 출신의 구분 없이 잘 화합을 해야 한다는 뜻입니다.

둘째, 구화무쟁(口和無諍)입니다. 입은 다투지 않음으로 화합한다는 뜻입니다. 혓바닥은 입 안에 든 도끼라는 말이 있습니다. 무쇠도끼는 사람의 다리를 다치게 하지만, 입 안의 도끼는 사람의 마음을 다치게 합니다. 여기서 화(和)는 벼 '화' 자에 입 '구' 자가 붙어 있습

니다. 먹는 게 그만큼 중요하다는 말입니다. 먹는 데서 정이 오고, 분배가 정확하지 않으면 다투게 된다는 것을 의미합니다. 이처럼 입이라는 게 굉장히 중요하고 어떠한 상황에서도 상대방의 마음을 상하게 하지 말라는 뜻입니다. 유가에서는 삼사일언(三思一言)하라고 했습니다. 한 번 말하기에 앞서 세 번을 생각하라는 것입니다. 왜일까요? 우리의 눈과 귀는 모두 두 개씩인데 입은 하나입니다. 그것은 말을 적게 하는 대신, 많이 보고 들으라는 뜻입니다.

셋째, 의화무위(意和無違)입니다. 이것은 서로 뜻이 어울려 함께 즐기는 의화동열(意和同悅)이라고도 합니다. 뜻은 다름이 없음으로 화합하고, 많은 사람의 뜻을 존중해주라는 것입니다. 대다수의 사람들이 동쪽으로 가고자 하는데 몇몇 사람이 서쪽으로 가자고 하면 화합이 깨집니다. 즉, 서로 마음이 맞아야 즐겁지, 그렇지 않으면 즐겁지 못한 것과 같은 이치입니다.

넷째, 견화동해(見和同解)입니다. 견해는 같은 이해로 화합하고, 또 견해가 다르기 때문에 싸우게 되는 것입니다. 그래서 역지사지의 입장에서 상대방을 이해할 줄 알아야 한다는 것입니다.

다섯째, 계화동준(戒和同遵)입니다. 계화동수(戒和同修)라고도 합니다. 모든 사람이 같은 행동을 준수함으로써 화합하는 것이기 때문에 서로 규칙을 잘 지키고 특권의식을 갖지 말아야 한다는 것입니다. 같은 의미로 계화동수(戒和同修)라고 했는데, 이는 윗사람의 지침에 대해서 자기 스스로 울타리를 치고, 말뚝을 박고, 창을 들고 보초를 선다는 뜻입니다. 이것은 자기 의식의 테두리 속에서 행해지는 것이기 때문에 타율적인 것이 아니라 자율적인 것입니다. 즉, 헛된 길로 빠지지 않도록 자기 스스로를 잘 지키는 것을 의미합니다.

여섯째, 이화동균(利和同均)입니다. 이익을 잘 나눔으로써 화합할 수 있다는 말입니다. 세상살이의 모든 시비의 원인은 이익의 분배를 둘러싸고 일어나기 때문에 모든 이익과 공덕을 고루 나눠 가질 수 있도록 해야 합니다.

천하무이도(天下無二道) 성인무양심(聖人無兩心)
천하의 진리는 둘이 없고 하나이듯 성인은 두 마음이 없다.

윗 글은 월정사에 계셨던 탄허 큰스님께서 하신 말씀입니다. 이
처럼 도를 이룬 성인들은 부처님이든 예수님이든 한 길로 가면 모두
같습니다. 성인의 마음은 두 마음이 아니고 한 마음입니다. 오직 중
생을 사랑하고, 사랑과 자비로 그들을 이끌어가는 것이 성인의 마음
입니다.

그렇기에 진리는 둘이 아닙니다. 그래서 법당, 교회, 이슬람 사원
등 어디를 가더라도 성인의 마음은 똑같고 진리는 하나라는 것입니
다. 어디를 가든지 열심히 배우고, 듣고, 수행함으로써 화(和)를 이룰
수 있습니다.

나무아미타불! 이것은 '건강하고 지혜로운 마음으로 돌아가겠습
니다.'라는 뜻입니다. 여기서 나무(南無)는 '돌아가서 의지한다'는 의
미를 담고 있습니다. 또 아미타불(阿彌陀佛)은 무량수(無量壽), 또는 무
량광(無量光)을 뜻합니다. 즉, 한량없는 생명과 한량없는 지혜의 빛을
의미합니다. 쉽게 말하자면 '건강하고 지혜로운 마음으로 나는 늘 돌
아갑니다.', '나는 늘 건강하고 지혜롭게 살겠습니다.'라는 원(願)이 바
로 나무아미타불입니다. 그래서 우리 불자들이 나무아미타불, 나무
아미타불이라고 하는 것입니다.

불교의 모든 행사는 삼귀의(三歸依)로 시작해서 사홍서원으로 끝
이 납니다. 불자들은 불·법·승(三寶) 이 세 가지를 보배로 삼습니
다. 거룩한 부처님께 귀의하고, 거룩한 가르침에 귀의하고, 거룩한 스

님들에게 귀의한다고 합니다.

불(佛)은 절대 자유를 상징합니다. 부처님은 생사의 걸림으로부터 떠나 절대자유를 성취하신 분입니다. 그렇기 때문에 '부처님께 귀의합니다.'라는 말은 '절대자유에 귀의합니다.', '나는 자유를 나의 의지처로 삼겠습니다.'라는 의미를 담고 있습니다.

부처님 법은 평등합니다. 일체중생 실유불성(一切衆生悉有佛性)이라, 여러 강물이 바다로 가면 하나의 짠물이 되고 말듯이 부처의 바다로 들어오면 일미(一味) 즉 한 맛이 되고 마는 것입니다. 그와 같이 부처님이 평등하기 때문에 우리는 평등의 가치를 보배로 삼는 것입니다.

승(僧)은 대중을 의미합니다. 사부대중이라고 합니다. 승단(僧團)은 육화(六和)를 이루어야 합니다. 그래서 '삼귀의합니다.'라는 말은 자유·평등·평화에 귀의한다는 뜻입니다. 그래서 불교를 신앙한다는 것은 자유·평등·평화를 신앙하는 것이고, 자유·평등·평화를 추구하는 것이고, 자유·평등·평화를 발현하겠다는 것이고, 그 세계로 돌아가겠다는 뜻입니다. 자유·평등·평화 정신을 기본으로 해서 육화를 잘 이루는 것이 행복하게 사는 길입니다.

너와 내가 다르지 않음을

욕에도 맛있는 욕이 있고 독한 욕이 있다고들 합니다. 요즘 젊은 이들이 욕을 재미있게 하기도 하던데 제가 보기엔 이 세상에서 할머니들이 하시는 욕이 가장 맛있고 멋있는 것 같습니다.

저의 고모님은 서울에서 공양주 노릇을 하셨습니다. 전라도 분으로서 연세가 70줄에 계셨을 때지요. 그런데 고모님은 입만 열면 욕이 생활화되신 분이었습니다. 재(齋)일만 되면 절에 밥 먹으러 오는 사람이나 걸인이 많았습니다.

아들 같은 사람들이라서인지 그렇게 욕을 해대고는 하셨지요. "이 씨브랄 놈아!" 하면서 등을 탁 치고, "손 씻고 처먹어!" 하며 잠시도 욕을 내려놓지 않았습니다.

그렇다고 해서 고모님이 이분들을 정말 거지 취급하신 것은 아

니었고, 엄마가 자식을 챙기듯이 밥상에 늘 따뜻한 국과 밥을 정성스
레 챙겨주셨습니다.

재(齋)일이면 밥 먹으러 오는 분들이 열댓 명은 되었습니다. 이
분들이 하시는 말씀이, 공양주 보살님에게 욕을 듣지 않으면 밥이 안
넘어간답니다. 심지어는 고모님을 '어머니'라고 부르기도 하였습니
다. "어머니, 밥 좀 주세요." 아무 때나 배고프면 와서 밥을 청한답니
다. 그러면 고모님은 욕을 하면서 밥을 따뜻하게 챙겨줍니다. 이런
욕은 약이 되고 맛있는 욕인데, 보통 사람들이 감정을 가지고 하는
욕은 독이 되어 상대방에게 상처를 많이 줍니다.

우리는 입이 순화가 되어야 합니다. 같은 말이라도 깨우침의 말
이 되어야 합니다. 말에는 '긍정의 말'과 '부정의 말'이 있습니다. 긍
정의 말은 상대방을 얼마든지 살릴 수 있고, 부정의 말은 상대방을
죽일 수가 있습니다. 부정의 말은 정말 피해야 될 것입니다.

무척 흥미로운 실험이 있습니다. 두 개의 병에 쌀밥을 담은 후
한 쪽 병에는 긍정적이고 좋은 말만 하고, 다른 한 병에는 부정적인
말만 했습니다. 한 달 뒤 정말 놀라운 결과가 나타났습니다. 긍정적
인 말을 한 병의 쌀밥은 구수한 누룩이 됐고, 부정적인 말만 한 병에
있는 쌀밥에는 곰팡이가 피어 완전히 썩어 버렸습니다.

또 다른 실험이 있습니다. 언어 하나만 가지고 두 사람에게 걸음

걸이를 시켰습니다. 한 쪽은 진취적이고 패기에 넘치는 글만 써 놓았고, 다른 한 쪽은 의존적이고 보수적이고 쓸쓸한 단어만 늘어놓았습니다. 이들에게 제시된 단어만 눈으로 보고 걸어가라고 했습니다. 그리고 일정 속도를 비교해 봤습니다.

아주 재미있는 결과가 나왔습니다. 실험 전에 24초 78이 걸린 사람이 노인에 관련된 단어를 보고 걸었더니 27초 10이 걸렸습니다. 2초 32라는 시간이 더 걸린 것입니다. 반면, 긍정적인 단어만 보고 걸은 사람은 2초 46의 시간을 앞당겼습니다. 젊고 긍정적인 단어만 보고도 자기 몸의 행동이 달라졌습니다. 하물며, 좋은 말을 들을 때와 싫은 소리를 들을 때의 파장 차이는 엄청 크다고 할 수 있습니다.

그 사람의 언어가 그 사람의 전체라고 합니다. 다음의 단어들을 한번 살펴보고 일상에서 내가 얼마나 사용하는지 생각해보십시오.

참 쉽네, 그만해, 힘 내, 귀여워, 잘 하네, 고마워, 친절하구나, 용기를 내, 잘 하고 있어, 고마워, 이해심이 있구나, 마음이 넓어, 포용력이 있어, 성공을 부르는 미소, 웃는 얼굴, 소중해, 좋은 생각, 인내, 기쁘다, 그 정도면 잘했어, 점점 잘 하고 있네, 싹수가 보인다, 역시 최고야, 아주 멋지네, 세련되었어, 배려해줘서 고마워, 공부만 잘 하는 줄 알았는데 이해심도 있구나 등등.

— 긍정의 말

미워, 싫어, 바보, 죽어버려, 나가, 네가 뭔데, 병신, 꼴에 주제를 알아
라, 미친 소리, 개소리, 듣기 싫어, 시끄러워 그만 해, 그래 가지고 뭘 하
겠다고, 넌 못 해, 넌 안 돼, 해봐야 소용없어, 어쭈!, 왕재수, 넌 필요 없
어, 실패, 망하고 말걸, 야박해, 거짓말쟁이, 양심이 없어 등등.

— 부정의 말

긍정의 말과 부정의 말에 대해 선인들도 누누이 일러줍니다.

모든 재앙은 입으로부터 나온다.
그렇기 때문에 함부로 입을 놀리거나
듣기 싫어하는 말을 하지 마라.
맹렬한 불길이 집을 태워버리듯,
말을 조심하지 않으면 결국
그것이 불길이 되어 내 몸을 태우게 된다.

자신의 불행한 운명은
바로 자신의 입에서부터 시작된다.

입은 몸을 치는 도끼요,
몸을 찌르는 날카로운 칼날이다.

— 〈법구경〉

입에는 네 가지 허물이 있으니,

거짓말과 나쁜 말과 남을 싸움 붙이는 말과

묘하게 꾸민 말을 하지 않아야 한다.

— 〈출요경〉

감로와 독약은 모두 사람의 혀 안에 있다.

감로는 곧 진실한 말이요, 거짓말은 독약이다.

— 〈정법염처경〉

말과 마음에는 씨가 있다고 했습니다. 내가 무심코 던진 말 속에는 씨가 있어서, 그 씨가 상대방의 머리와 마음속에서 자라서 반드시 그 열매를 가져오게 됩니다. 그래서 좋고 긍정적인 말씨를 뿌려야 하는 것입니다. 또 마음씨도 항상 긍정적인 생각을 가져야 합니다. 부정적인 생각의 씨를 뿌려놓으면 부정적인 삶이 내게로 옵니다.

그래서 신의 책상에는 이런 말이 명시되어 있다고 합니다. "네가 만일 불행하다고 말하고 다니면 불행이 정말 어떤 것인지를 보여주겠다. 네가 만일 행복하다고 말하고 다니면, 행복이 정말 어떤 것인지를 보여주겠다."

그러니까 우리가 스스로 행복하다고 생각하고 행복한 말을 많이 하면 행복이 찾아오는 것입니다.

사회생활을 하다보면 이런저런 모임에서 노래를 합니다. 이때도 항상 밝은 노래를 해야 됩니다. 슬픈 노래나 부정적인 노래는 가급적

하지 마십시오. 긍정적인 노래만 해야 됩니다. 말과 마음처럼 노래에도 씨가 있기 때문입니다.

또 말에는 무한한 에너지와 힘이 실려 있습니다. 긍정적인 말로 밝게 이야기하는 사람들이 밝은 삶을 영위해 갈 수 있는 것입니다. 긍정적인 말을 해 주는 것도 보시입니다. 우리가 해야 될 일은 보이지 않는 그런 보시를 하는 것입니다. 가족, 이웃들을 늘 반겨주고, 긍정적인 언어로만 대화하시길 바랍니다.

자기 그릇만큼
보인다

한 객승이 하룻밤 묵어가고자 큰스님이 계시는 사찰의 문을 두드렸습니다. 그런데 이 절의 규칙은 큰스님이 제시하는 시험을 통과해야만 입방(入房)이 허락되었습니다.

객승을 담당하는 큰스님의 시자승은 한쪽 눈을 잃은 애꾸눈이었습니다. 그가 큰스님께 물었습니다.

"오늘은 어떻게 시험을 치를까요?"

큰스님께서는 '말없는 말'로 문답해 보라고 했습니다.

먼저 객승이 손가락 하나를 들어 보였습니다. 시자승은 손가락 두 개를 내보이며 응답했습니다. 이어 객승이 손가락 세 개를 들어 보였습니다. 그러자 시자승은 주먹을 내보였습니다.

"제가 졌습니다."

패배를 인정한 객승은 곧바로 큰스님을 찾아갔습니다.

"듣던 대로 참으로 훌륭한 제자를 두셨습니다."

객승이 문답에서 졌으니 다른 곳으로 가봐야겠다며 인사를 드리자 큰스님께서 진 연유를 물었습니다.

"제가 먼저 '부처님은 하나'라는 의미로 손가락 하나를 내보이자, 시자승이 '부처가 있으면 가르침이 있다'는 의미로 손가락 두 개를 내보였습니다. 그렇다면 '부처와 가르침과 그것을 믿고 따르는 무리가 있으니 불·법·승 삼보'라는 의미로 손가락 세 개를 들어 보였더니, 시자승은 '만법은 하나로 돌아간다'는 의미로 주먹을 들어 보여 제가 진 것입니다."

객승은 이렇게 말한 뒤 그 절을 떠났습니다.

잠시 후 시자승이 코를 씩씩거리며 큰스님을 찾아왔습니다.

"제가 혼을 내어 보냈습니다."

"그래, 어떻게 혼을 내주었느냐?"

"제가 큰스님께서 '묵언'으로 대화하라는 말씀을 전했더니, 객승이 대뜸 '네 눈은 하나'라며 손가락 하나를 내보이지 뭡니까? 그래서 '그래 너는 잘 나서 네 눈은 두 개니라'하고 손가락 두 개로 응수했더니, '네 눈과 내 눈의 합이 셋이요'라며 손가락 세 개를 내보이는 것이었습니다. 그래서 '너 맞을래?' 하고 주먹을 내보였더니 '자신이 졌다'며 가버렸습니다."

선가(禪家)에서 내려오는 일화 한 토막입니다. 여기서 큰스님의 의도는 '그만큼 밥값을 하는 수행자인가.' 가늠을 해보려는 것이었습니다.

불경에 일수사견(一水四見)이라는 말이 나옵니다. 같은 대상이라도 보는 이에 따라 다르다는 것입니다. 같은 물을 놓고 천녀는 구슬로 보고, 악마는 피로 보며, 물고기는 집으로 보고, 사람은 물로 본다는 것입니다. 흔히 하는 말로, '아는 만큼, 자기 그릇만큼 보인다.'는 것입니다.

'부처의 눈으로 보면 모두 부처요, 돼지의 눈에는 돼지만 보인다.'는 무학대사의 일화가 있듯, 살아가면서 부딪치는 만사 모두 자신의 처지와 보는 안목에 따라 천당도 되고 지옥도 될 수 있습니다. 나의 살림살이는 객승의 안목인지, 시자승의 안목인지, 밥값은 제대로 하는지를 점검해 봐야 할 것입니다.

비움의 지혜

사람은 지수화풍공식(地水火風空識)의 여섯 가지 요소로 이루어져 있습니다. 육신은 사대(四大) 즉, 지수화풍(地水火風)의 물질로 이루어진 육체적인 요소입니다. 피부와 살갗·근육·뼈 등은 흙의 성분으로 이루어진 것이고, 눈물·콧물·피·고름은 물로 이루어져 있습니다. 이 네 가지 요소에 네 가지의 요소가 존재할 수 있는 공간, 그리고 이 육신을 움직일 수 있는 식(識)을 합쳐 6대라고 합니다.

즉 사람은 이 여섯 가지로 이루어진 인연의 화합체입니다. 거기에는 느낌이 있고, 의지가 있고, 생각이 있고, 인식과 판단이 있습니다. 이러한 요소들은 인연에 의한 구성체일 뿐 영원불멸하는 것은 없습니다. 그 원리를 깊이 연구하는 것이 수행이고 오온개공(五蘊皆空)의 원리를 올바로 직관하는 것입니다. 법회 때마다 늘 반야심경을 봉독하는 이유가 바로 이 때문입니다.

그런데 한글반야심경을 보면, '관재자보살이 깊은 반야바라밀다를 행할 때 오온이 공한 것을 비추어 보고 고통에서 벗어났다.'고 합니다. 오온이 모두 공한 것을 비춰봤다! 곧 오온(五蘊)이 개공(皆空)함을 아는 것이 반야입니다. 반야심경과 관련한 일화 하나를 말씀드리겠습니다.

예전에 공수특전교육단을 방문하여 동티모르 등지에 파견하는 군장병들을 위한 환송법회를 한 적이 있습니다. 그때 지휘관 한 분이 오셔서 자신은 가톨릭 신자인데 반야심경을 굉장히 좋아한다고 했습니다. 그 이유를 들어보니 반야심경에는 군인의 생사관이 담겨 있다는 것이었습니다. 정말 독특하게 해석을 하는 것 같았습니다.

반야심경을 봉독하다 보면, '공 가운데는 물질도 없고, 느낌과 생각과 의지 작용과 의식도 없으며, 눈과 귀와 코와 혀와 몸과 뜻도 없으며, 형체와 소리와 냄새와 맛과 감촉과 의식의 대상도 없으며, 눈의 경계도 없고, 의식의 경계까지도 없으며, 무명도 없고, 또한 무명이 다함도 없으며, 늙고 죽음도 없고, 죽음이 다함까지도 없다.'고 합니다. 이게 얼마나 무서운 말입니까?

전쟁하는 사람이 늙고 죽음도 없다면? 불생불멸이라면? 이거 다 내려놓고 싸우면 상대방이 못당합니다. 또한, 싸우는 사람이 자기 안 다치려고 보신만 생각하면 그 사람은 결국 지고 맙니다. "때려 봐, 때려 봐!" 하고 다 벗어던지고 달려드는 사람에게는 당해낼 재간이 없습니다.

그래서 그 지휘관은 장병들에게 '심무가애 무유공포(마음에 걸림이 없으므로 두려움이 없다)'라는 구절을 얘기하면서, 두려움이 없으므로 생사를 뛰어넘는 생사관을 갖게 해 준다고 합니다.

생사를 초월하고 죽음이 없는 열반에 이르러 깨달음의 언덕에 도달한 것을 바라밀다라고 합니다. '마하반야바라밀다'에서 '마하'는 '크다'는 뜻입니다. 크긴 큰데 측량할 수 없는 반야입니다. 마하 2.5라고 하면 소리의 속도보다 2.5배 빠르다는 것을 의미합니다. 그만큼 빠르다는 말이고 헤아릴 수 없는 무한을 말합니다.

또 반야는 지혜를 뜻합니다. 반야는 반야인데 마하반야라? 인간의 생각으로는 측량할 수 없는 지혜를 마하반야라고 합니다. 바라밀다를 한문으로 번역하면 도피안(到彼岸)입니다. '저 언덕에 건너갔다'는 뜻입니다. 고통과 생사가 있는 것을 이 세상이라 칭하고 피안(彼岸)은 오온이 개공한 것을 깨달은 세계를 말합니다. 철원에 가보면 도피안사라는 절이 있습니다. 이미 사바세계를 건너간 곳, 즉 극락세계라는 뜻입니다.

심(心)은 마음, 곧 가장 핵심(核心)이라는 뜻이고, 경(經)은 지름길입니다. 그러니까 우리가 읽는 마하반야바라밀다심경은 부처님의 한량없는 지혜로써 오온이 개공한 것을 봐야 성불이고 해탈이라는 의

미를 담고 있습니다. 그곳으로 건너가
는 가장 빠른 핵심을 정리한 것이 바로
272자로 이뤄진 반야바라밀다심경입니
다. 경(經)은 여기서 '지름길'이라는 의미
입니다.

　또 오온이 개공한 마하반야바라밀
이 이뤄진 상태를 깨달음이라고 합니다.
부처님을 각자(覺者/깨달으신 분)라고 합니
다. 붓다를 달리 표현하면 사랑이 충만
한 삶을 사는 사람을 의미합니다. 그래
서 붓다는 성취한 사람이며, 반야바라밀
을 이룬 사람은 사랑이 충만한 삶을 살
아가는 분이라고 할 수 있습니다. 그것
이 보살입니다. 그렇기 때문에 사랑은
부처님의 자비요 지혜이며, 모든 보살마
하살의 크나큰 원력행이라고 하는 것입
니다. 즉, 사랑이 있는 삶을 살아가는 사
람은 그대로가 부처님이고 보살마하살
입니다. 그래서 사랑이 깃든 삶을 흉내
내고 길들여 가는 것을 불보살의 행원

이라고 하고, 계초심학인문의 학인이라고 합니다.

　노자 〈도덕경〉을 보면 여섯 가지 비움의 자세를 말하고 있습니다. 중생의 세계는 채움의 세계입니다. 끊임없이 채우기 위해서 살아가는 것이 중생의 삶이라고 이야기를 합니다. 세속의 길은 무엇이든 채워야 합니다. 학교도 다녀야 되고, 돈도 벌어야 되고, 명예도 얻어야 하는 등 할 일이 많습니다. 또 아들 노릇, 스승 노릇, 남편 노릇, 친구 노릇, 부인 노릇 등등 할 게 정말 많습니다. 그렇기 때문에 돈도 많이 벌어야 하고, 명예도 얻어야 하는 것입니다. 또 부지런히 일을 해야 남들이 알아주고, 그래야 큰 사람이 된다고 믿는 것은 세속의 길입니다.

　그런데 종교의 길은 버림의 길로 가는 것입니다. 수행하는 스님들은 부모형제부터 버리고, 마지막에는 결국 육신도 버리고 갑니다. 그래서 돈과 명예도 모두 버려야 됩니다. 수행자는 버리는 것부터 가르칩니다. 그렇기 때문에 내려놓는 연습을 많이 시킵니다.

　큰스님들은 아무 것도 소유하지 않았음에도 불구하고 다 소유하고 존경받게 됩니다. 이치가 그렇습니다. 불교는 지식도 버리고, 깨달음도 버리고, 심지어는 부처까지도 버려야 된다는 것입니다. 불교의 위대성이 바로 여기에 있습니다. 부처에 집착해서도 안 되고 불교가 최고라는 생각도 버려야 합니다. 거기에 빠져서도 안 됩니다. 그것은 물이 흘러가다가 얼어붙는 것과 같은 이치입니다. 그래서 우리는 늘 버리는 연습을 해야 합니다.

노자 〈도덕경 48장〉에 이와 같은 내용이 잘 드러나 있습니다.

첫째, 위도일손(爲道日損), 위도(爲道)는 인간이 가야할 길을 말하고, 일손(日損)은 날마다 줄이고 버리는 일이다.

낡은 생각과 잘못된 습관을 버려야 한다는 것입니다. 비움이 기술입니다. 비울수록 사람이 넓어집니다. 진정한 삶의 승자가 되기 위해 스스로 날마다 뭔가를 버릴 줄 알아야 합니다. 버리는 연습을 많이 하시기 바랍니다.

둘째, 허심실복(虛心實腹), 마음을 비워라. 마음에 욕심이 가득차면 머리가 무거워진다.

명심보감에 이르기를, '그릇은 곡식이나 물이 차면 넘치게 마련이고, 사람도 분수에 맞지 않은 부나 지위가 가득하면 그것을 잃어버린다.'고 합니다. 그러므로 분수를 알고 분수에 맞게 살아야 합니다. 자기 그릇이 그게 아닌데 로또에 당첨되어 수십 억 원이 들어와도 잘 사는 것이 아닙니다. 그런 사람치고 잘된 사람 없습니다. 다 패가망신을 했습니다.

지위도 마찬가지입니다. 높은 지위를 얻었다고 해서 다 잘된 것은 아닙니다. 자기의 그릇이 안 되기에 금방 그릇이 깨지기 마련입니다. 결국 그것을 수용하지 못하는 것입니다. 그래서 마음에 욕심과 욕망이 가득 차면 머리가 무거워진다는 것입니다. 생각을 줄여야 쓸모가 있다는 말이 있습니다. 지나치게 많이 생각을 해도 병이 됩니다. 사람은 가끔 단순해질 필요가 있습니다. 마음을 비우면 행복해집니다.

셋째, 약지강골(弱志强骨), 뜻은 약하게 하고 뼈를 강하게 하라.
의지가 너무 강하면 마음에 상처를 받을 수 있습니다. 그러므로 생각을 최대한 줄이고 복잡함에서 벗어날 필요가 있습니다. 근간이 튼튼해야 합니다. 의지 대신 뼈대를 튼튼히 하면 어떤 의지도 세울 수가 있다는 말입니다.

넷째, 색태폐문(塞兌閉門), 구명을 막고 문을 닫는다.
여기서 태(兌)는 구멍을 뜻합니다. 때로 모든 감각기관을 막고 휴식을 취하라는 의미입니다. 입을 막아 말을 아끼고, 눈을 막아 화려한 색을 피하고, 귀를 막아 아름다운 소리를 멀리하라는 것입니다.
너무 채우려 들지 말고, 정신 활동을 정지할 필요도 있다는 말은 일정한 휴식이 필요하다는 뜻입니다. 명상이라든가 종교적인 수행이 그것입니다. 일주일을 보내고 나서 법당에 오는 것도 그러합니다. 일주문을 들어서는 순간 출세간이라고 합니다. 출세간에 들어오는 순간 여기서는 오직 자기 마음자리만 바라보는 영혼의 안식을 취하는 것이 종교 생활입니다.

다섯째, 좌예해분(挫銳解紛), 날카로움을 덜고 복잡한 일을 피하라.

생각을 단순화하여 복잡함에서 벗어나라는 것입니다. 복잡하고 어려운 일에 대한 생각을 버리면 자연스레 남에 대한 상처주기도 피할 수 있습니다. 간단명료하게 과감한 결단이 필요하다는 뜻입니다. 세상을 살면서 너무 날카로우면 상대방에게 상처를 줄 수 있습니다. 그래서 결단을 내리되 타인을 배려하는 삶을 살아야 한다는 것입니다.

여섯째, 화광동진(和光同塵), 화광은 내가 가진 광채를 온화하게 하는 것이다.

'나'의 성질을 온화하게 해야 한다는 것입니다. 동진(同塵/티끌과 함께 한다)이라는 것은 세속의 눈높이에 맞춰서, 상대방의 관점에 맞춰서 역지사지한다는 뜻입니다. 광채를 줄이고 세속의 눈높이에 맞춰야 합니다. 빛이 강한 사람들에게는 사람들이 모여들지 못합니다. 그러므로 내가 가진 광채를 온화하게 만들어서 풍진 세상에 눈을 맞추면 타인을 끌어 들일 수가 있다는 이야기입니다.

우리 중생들은 삶을 살아가면서 '하나 더, 하나 더' 하면서 모든 것을 채우고 또 채우는 데만 급급합니다. 그렇지만 더 많은 것을 채우고 얻기 위해서는 비우는 지혜가 필요한 것입니다. 비울 줄 알아야 합니다. 사람들은 이를 두고 '비움의 처세학'이라고 말합니다.

잘못된 습관과 낡은 생각을 버리고 비워내는 것! 그것이 우리가
말하는 일신우일신(日新又日新), 날마다 새롭게 하는 것입니다. 여섯
가지 비움의 지혜를 깊이 새겨 마음을 비우고 닦아 성불하시기
바랍니다.

높을수록
낮추는 마음

 관세음
보살님을 모신 도량이라 기도객들이 워낙 많아서 일반 신도들은 단
체로 열댓 명씩 방을 배정받았는데, 저는 주지 스님의 배려로 철야
기도하는 스님의 조그만 승방 한 곳에서 칠순이 다 된 노스님 한 분
과 함께 하룻밤을 묵었습니다.

이튿날 아침, 헤어지면서 노스님은 그 분의 은사이신 당대의 선
지식 청화(淸華) 큰스님께서 내려주신 계훈(誡訓)이라며 '입중오계(入衆
五戒)'를 일러주셨습니다.

그 첫째는 '하심(下心)'이니 언제나 마음을 낮추고 자신을 비울
것이며, 두 번째는 '공경(恭敬)'이니 모든 사람을 부처님처럼 공양할

것이요, 세 번째는 '자비(慈悲)'이니 마음속에 늘 만물에 대한 사랑의 마음을 가질 것이며, 네 번째는 '지차제(知次第)'이니 세상사 모든 일에 늘 질서를 지켜 분수에 어긋나지 말 것이요, 다섯 번째는 '불설여사(不設餘事)'이니 공연히 쓸데없는 말로 구설수에 오르거나 허송세월 하지 말라는 말씀이었습니다.

이 다섯 가지는 대중생활의 지표이니 이 가르침을 젊은 군인들에게 널리 유포해주기를 간절히 당부하시며 총총히 봉정암 쪽으로 걸음을 재촉하셨습니다. 아버지뻘 되는 노스님께서 저에게 깍듯한 공대로 대하시는 태도에는 인자함과 겸손함이 깊이 담겨 있었고, 노스님의 법력과 인격에 감읍했습니다.

옛날 송나라에 왕안석이라는 뛰어난 재상이 있었습니다. 그는 천재로서 문장이 뛰어나고 또 기개가 강하여 자기의 눈에 차는 사람이 없었습니다. 일찍이 벼슬길에 올라 비상한 재주와 수단으로 여러 사람을 앞질러 30여 세에 높은 벼슬을 했고, 40세에 정승의 자리에 올랐습니다.

바야흐로 때를 만났다고 생각한 그는 자신이 생각하고 계획한 여러 가지 혁신정책을 내세우며 그대로 밀어 붙이려다가 대신들의 반발과 미움으로 인해 조정에서 밀려나게 되었습니다. 그리고 변두리 지방의 장관으로 갔는데 그 곳은 귀양살이나 마찬가지였습니다.

귀양지에서 한가하게 뜰을 거닐던 그는 오래 전 어느 날, "세상

살아가기를 소가 통나무 다리 건너듯 하라."고 하시던 선사의 말씀을 떠올리며 그 깊은 뜻을 이해하게 되었습니다. 그 말씀은, 소 '우(牛)' 자 아래 한 '일(一)' 자를 합하면 날 '생(生)'자이듯, 사람이 한 세상 살아간다는 것은 그 육중한 소가 통나무 다리를 건너듯 조심조심 해도 자칫하면 개울가에 떨어져 많이 다치거나 혹은 죽을 수 있으니 매사 조심하라는 이야기입니다.

'내가 나이 50이 다 된 오늘에야 비로소 '생(生)' 자의 뜻을 알았구나. 글을 아무리 많이 알고 외운다 해도 한 글자의 뜻도 제대로 몰랐구나!' 하면서 깊이 뉘우치고 참된 수양을 해 군자다운 인격을 성취했다고 합니다.

아무리 나이를 더하고 학문이 깊어도 글자 하나의 의미를 깨닫고 실천하기란 여간 어려운 게 아닙니다. 사람은 누구나 조그마한 지위나 부, 권력을 갖게 되면 쉽게 자만해지고 독선적으로 흐르기 쉽습니다. 그래서 원효스님은 이렇게 말씀하셨습니다. "무릇 관익대자는 심익소(官益大者 心益小) 하고 도익고자는 의익비(道益高者 意益卑)할지니라." 즉, 벼슬이 높을수록 그 마음을 적게 하고, 도가 높을수록 그 뜻을 낮추라는 것입니다.

하심(下心)하는 사람은 자연히 그 마음과 몸에 공경심이 넘칩니다. 자연히 순리에 맞게 살 것이며, 더더욱 쓸데없는 말로써 허송세월하지 않을 것이니 어찌 삶이 윤택하지 않겠습니까? 한 세상 소가 통나무 위를 걸어가듯, 그렇게 살아가시기 바랍니다.

사랑으로 지켜보라

사막이 아름다운 것은 그 속 어딘가에 우물이 숨어 있기 때문이다.
인생이 아름다운 것은 마음 속 어딘가에 사랑이 있기 때문이다.
사랑이란 서로에게 길들여지는 것…….

여우가 어린왕자에게 말합니다.
"밀밭을 보라! 나는 빵을 좋아하지 않기에 아무 소용이 없다. 그러나
너와 길들여지면, 밀밭을 스치는 바람 소리에도 관심을 갖게 되고 사랑
하게 된다. 그러나 그 길들여짐에는 책임이 동반됨을 잊지 말아야 한
다. 부모, 친구, 연인, 선후배 사이 모두 길들여져 익숙해진 만큼 책임이
따라야 하는 것이다."

— 생땍쥐베리 〈어린왕자〉

 인간(人間)은 사람 사이라는 뜻이요, 그 사이를 잇고 있는 보이지 않는 인연의 끈이 연결되어 만나고 헤어지며 삶을 영위합니다. 그렇기 때문에 관심은 삶을 지탱하는 든든한 힘이 되고 몸과 마음을 지탱하는 양약이 되기도 합니다. 그러나 관심을 잘못 쓰면 서로를 구속하고 부담을 주는 독약이 될 수도 있습니다. 그래서 관심은 사랑이어야 하고, 진실이어야 하고, 배려가 있어야 하고, 지키고 가꿔줌이 있어야 하고, 오아시스처럼 청량함이 있어야 합니다. 이런 마음으로 양약이 될 때 그 인연의 끈은 더 단단해지고, 함께 하고 싶은 끈이 되는 것입니다. 이런 관심은 무한한 에너지의 근원이 되기도 합니다.

달마는 '관심일법 총섭제행(觀心一法 總攝諸行)'이라고 했습니다. 관심(關心)은 관심(觀心)이 되고, 그 관심 속에는 모든 것이 다 섭수된다는 것입니다. 그 속에는 서로를 이어주고, 지켜주고, 성장시켜주는 무한한 에너지가 들어 있는 마음의 본성이 있습니다. 그러므로 사랑과 진실이 바탕이 된 관심은 우리의 삶을 엔도르핀이 넘치는 희망과 축복으로 이끕니다.

반면 무지와 욕심이 담긴 지나친 관심은 우리의 삶을 증오와 파멸로 몰아넣을 뿐입니다. 그래서 나에 대한 그대의 관심, 그대에 대한 나의 관심은 사랑과 지혜가 바탕이 되어야 합니다. 그렇게 되었을 때 관심은 우리를 살아있게 하는 또 하나의 생명이요, 양약으로 우리의 삶을 윤택하게 이끌어 줄 것입니다. 만나는 인연들마다 사랑의 눈으로 관심(關心)을 갖고, 지혜의 눈으로 관심(觀心)해 보시기 바랍니다.

조건 없이
받아들이라

우리는 살아가면서 많은 인연을 짓게 됩니다. 인연에 따라 행복과 실패가 좌우된다고 말해도 과언이 아니지요. 어떤 인연을 짓느냐에 따라 그 삶이 행복해질 수가 있고 불행해질 수도 있습니다. 그런데 좋은 인연과 좋은 생각을 갖게 되려면 서로 소통이 잘 되어야 합니다. 우리 몸속에도 피가 잘 돌아야 되듯 모든 사회 또는 단체에서 상하 소통이 안 되면 결국 불행을 초래합니다.

다음은 영국 수상을 지낸 마가렛 대처의 아버지가 어린 대처에게 들려줬던 얘기로 유명합니다.

너의 생각을 조심해라, 너의 말이 된다.

너의 말을 조심해라, 너의 행동이 된다.
너의 행동을 조심해라, 너의 습관이 된다.
너의 습관을 조심하라, 너의 인격이 된다.
너의 인격을 조심해라, 너의 운명이 된다.

여기서 '운명'이라는 것은 불교적으로 볼 때 '인연'이라는 말과
같습니다. 그래서 우리의 운명은 인연에 의해서 결정된다고 하는 것
입니다. '너의 생각을 조심해라.'고 했습니다. 생각이라는 것은 마음
입니다. 생각을 바꾼다는 것은 종교적 의미에서 보면 수행의 요체가
될 수 있습니다.

원효스님께서는 "불교란 보법(普法)의 세계다."라고 하셨습니다.
보법은 그 누구도 소외시키지 말고 소통하라는 뜻을 담고 있습니다.

보법의 세계는 서로 소통이 잘 된다는 것을 의미합니다.

　　우리 사회에서 일어나는 각종 문제는 소통의 부재로 인한 소외감에서 출발합니다. 소외감으로부터 병사들이 자살하게 되고, 노인들도 소외감에서 오는 외로움으로부터 목숨을 버리게 되는 경우가 많습니다. 불교는 어느 누구도 소외시키지 않고 소통을 해서 부처님의 자비와 사랑이 일체중생에게 골고루 다 퍼지게 합니다. 이것이 불교의 요체입니다. 그래서 불자들은 그 누구도 소외시키지 말아야 됩니다.

　　부처님께서 말씀하신 경전 중 최고의 꽃을 〈화엄경〉이라고 합니다. 화엄경에는 사법계(四法界), 네 가지 법계에 대한 설명이 나옵니다. 사법계(事法界), 이법계(理法界), 이사무애법계(理事無碍法界), 사사무

애법계(事事無碍法界)인데 뜻은 다음과 같습니다.

첫째, 사법계(事法界)는 현상적인 소통을 의미합니다. 나와 너가 다르다고 보지 않고 긍정해주는 마음입니다. 즉, 소통을 위한 첫 번째 단계는 상대방을 인정해야 한다는 것입니다.

둘째, 이법계(理法界)는 본질적인 소통을 의미합니다. 본질적인 소통이라는 것은 본질을 따져보면 모두 같다는 것입니다. 물은 담겨져 있는 용기에 따라서 다 달라 보이지만, 그 안에 담겨 있는 것은 모두 물입니다. 인간이라고 하는 존재도 인격의 차원에서 자세히 들여다보면 모두 같습니다. 편의상 차등을 두고 그 사람을 다스리려고 할 뿐입니다.

셋째, 이사무애법계(理事無碍法界)는 이성적인 소통을 의미합니다. 이 말은 '내가 맞듯이 너도 맞다'라는 것입니다. 다시 말해, 역지사지(易地思之)의 마음으로 상대방의 입장에서 생각을 해봐야 합니다. 소통을 위해서는 자신의 입장만 내세워서는 절대 안 됩니다. 아무리 나쁜 범인이라고 하더라도 문제를 일으킬 만한 이유가 있다는 겁니다. 그 상대방의 입장에서 보면 죄를 저질렀다고 하더라도 그 죄에 대해서 이해를 하게 되는 것입니다. 소통을 위해 가장 중요한 것은 바로 상대방에 대한 인정입니다.

넷째, 사사무애법계(事事無碍法界)는 정서적인 소통을 의미합니다. 상대방과 싸울 때 "저 사람과 정서가 안 맞아 도저히 함께 할 수 없어."라는 말을 쉽게 들을 수 있습니다. 정서적 교감은 소통의 정점이라고 합니다. 정서가 통하면 모든 게 통한다는 뜻입니다. 그러기 위해서는 서로 좋아하는 마음을 가져야 합니다. 상대방을 좋아하는 마음이 가득하면 모든 게 통할 수밖에 없습니다.

그러나 소통에서 무엇보다 중요한 것은 존재(事)와 존재(事)가 걸림이 없이(无涯) 소통을 하는 것입니다. 그러기 위해서는 사무량심(四無量心)이 있어야 합니다. 사무량심을 보겠습니다.

첫째, 자무량심(慈無量心)입니다. 자(慈)는 자심(慈心)인데, 가운데 무량(無量)이 들어갑니다. 이것은 '헤아릴 수 없다', '측량할 수 없다'는 의미를 내포하고 있습니다. 우리가 사랑을 줄 때 조건을 내세우거나 계산을 해서 주는 사랑은 진실한 사랑이 아닙니다. 그렇게 해서는 소통을 할 수가 없습니다. 조건을 내세우거나 계산하지 않고 사랑을 줬을 때 비로소 진정한 사랑이 완성되는 것입니다.

둘째, 비무량심(悲無量心)입니다. 상대방이 불행함을 느꼈을 때 그것에 감정이입을 할 수 있는 능력을 비(悲)라고 합니다. 상대가 어려움에 처했을 때 그것을 내 아픔인양 함께 아파하고 함께 슬퍼할 때 상대방의 마음은 열립니다. '야! 저 사람이 정말로 내 가족처럼 내 몸처럼 나에게 와서 하나가 됐구나.' 그게 바로 비(悲)입니다.

셋째, 희무량심(喜無量心)입니다. 이것은 비무량심과는 반대로 행

복감에 감정이입을 할 수 있는 능력을 말합니다. 상대방이 기쁠 때 내 일처럼 함께 기뻐해 주는 것을 의미합니다. 그러면서 상대방은 자신이 인정받고 있다는 생각을 하게 되고 비로소 마음을 열 수 있는 것입니다.

넷째, 사무량심(捨無量心)입니다. 이것은 어떠한 흥망성쇠에도 평온한 상태를 의미합니다. 참되고 진정한 사랑은 어떠한 공격에도 멈추지 않는 것입니다.

독립운동을 하던 티베트의 한 승려가 중국 공안에 체포되어 10년간 모진 고문을 당한 일이 있습니다. 감옥 생활을 무사히 마친 후 담요 한 장을 들고 그 높은 히말라야를 넘어 달라이라마가 계시는 인도의 다람살라까지 갔습니다. 멀고 춥고 고통스러운 길을 달렸습니다. 오직 신심과 달라이라마를 향한 마음 하나로 높고 험한 산을 넘어 달라이라마의 품으로 간 것입니다.

그 때 많은 사람이 물었습니다. "10년 동안 고초를 당한 것도 모자라 담요 한 짝 두르고 동상에 걸려가면서 히말라야를 넘어올 때 무엇이 가장 두려웠습니까?"

그는 이렇게 대답했습니다. "제가 가장 두려웠던 것은 10년 동안 나를 붙잡아 가두고 고문했던 그들에게 원망과 미움의 마음이 생길까 하는 것이었습니다."

티벳 승려는 10년 동안 그렇게 많은 고초를 받았음에도 불구하고 자신을 그렇게 만든 사람들을 증오하게 될까 봐 그걸 가장 두려워한 것입니다. 이를 진정한 자비라고 할 수 있을 겁니다.

여기서 우리는 진정한 사랑이 무엇인지를 깨달아야 합니다. 진정한 사랑은 바로 '내 사랑이 공격을 받을 때도, 나는 그를 미워하지도 않고 상대방에 대한 사랑을 멈추지 않는다.'는 것입니다. 아무런 조건 없이 줘야 하는 게 사랑입니다. 그러나 중생은 항상 헤아립니다. '내가 이만큼 해줬는데, 네가 이것밖에 못해 주면 안 되지.' 하면서 사랑보다 의심이 더 커집니다. 상대방이 아무리 섭섭하게 했더라도 그에 대해서 절대 원망하지 않고 사랑을 그대로 유지하는 것이야말로 진짜 사랑입니다. 그렇게 되면 참다운 소통은 자연스럽게 이루어지게 됩니다.

달라이라마께서 아주 유명한 말씀을 남기셨습니다.

"내가 도움을 주었거나 크게 기대하는 사람이 나를 심하게 해치더라도 그를 최고의 스승으로 여기게 하소서."

이것을 두고 무주상보시(無住相布施)라고 합니다. 가족 간에도 소통이 잘 되도록 하려면 보시(布施)가 잘 이루어져야 합니다. 자신이 가지고 있는 가장 귀한 것을 주는 것을 보시라고 합니다. 그 보시는 시간을 함께 해 주는 것, 같이 놀아 주는 것, 부부가 자식과 함께 하고 자식이 부모와 함께 하는 것, 내 시간을 같이 해주는 것 등입니다. 어렵지 않지요? 소통하는 법을 잘 익혀서 행복한 삶을 이끌어 가시기를 축원드립니다.

사랑은 귀하게
지켜내는 것

재천원작비익조(在天願作比翼鳥)

재지원위연리지(在地願爲連理枝)

공중을 나는 새가 되려거든 비익조가 되고,
나무가 되려거든 연리지가 되고자.

— 백낙천 〈장한가(長恨歌)〉

시대가 아무리 바뀌어도 남녀간 사랑에 대한 동경은 어찌할 수 없는 것 같습니다. 위의 시는 당나라 현종과 양귀비가 칠월 칠석 날 밤 인적이 없는 때에 장생전(長生殿)에서 주고받은 애틋한 구절입니다. 비익조는 남방에 살고 있는 전설적인 새를 말하는데 암수가 항상 같이 날아갑니다. 또 연리지는 두 나뭇가지가 붙어 한 나무가 되는

데, 이는 남녀가 한 몸이 되는 것을 상징하는 것으로써 부부의 변함 없는 사랑을 뜻합니다.

그런데 이 전설적인 나무가 우리나라에서도 발견되었습니다. 강원도 삼척시 근덕면 동막리에 자리 잡고 있는 고즈넉한 산사입니다. 통일신라 진성여왕 3년(889) 범일국사에 의해 창건된 이 절은 'ㄴ'자형 목조건물인 설선당과 'ㅁ' 자형 홑처마 팔작지붕 양식의 심검당이 아름다운 고찰이지요.

이 절의 대웅전 오른쪽에는 수령이 족히 200년을 넘었음직 한 백일홍나무가 있습니다. 그 가운데에 곧게 뻗은 소나무가 백일홍과

완전히 한 몸통을 이루고 있습니다. 두 나무가 한 나무로, 한 나무가 두 나무로서 공생하며 마치 사찰의 수호신처럼 살아갑니다.

여자를 상징하는 듯한 백일홍은 남자를 상징하는 듯한 소나무를 온몸으로 끌어안고 두 손으로 감싸안 듯 떠받치고 있습니다. 소나무는 그 속에서 건강한 모습으로 올곧게 위로 치솟아 있는데 소나무 밑동이 커감에 따라 이를 감싸고 있는 백일홍의 밑동은 터질 듯 찢겨나가고 있습니다.

나는 이 신비로운 나무를 보며 두 나무가 주는 메시지가 뭘까에 대해 생각해 봤습니다. 아마도 두 나무는 아득한 전생에 사람이었을 것입니다. 두 남녀는 그 사랑이 무척이나 애틋하여 이 산사의 부처님 전에 환생하여, 나무일망정 한 몸을 이루어 비바람과 눈보라에도 끄떡없이 변치 않는 사랑의 위대함을 보여주고 있는 것입니다.

이인동심(二人同心) 기리단금(其利斷金)
동심지언(同心之言) 기취여란(其臭如蘭)

두 사람의 마음을 합치면 그 예리함이 쇠라도 끊고
마음을 함께 한 고운 말은 그 향취가 난초의 그것과 같다.

이 나무의 하나 됨이 이와 같을 것입니다. 사랑은 희생이요 인내입니다. 또 상대방에 대한 배려요 약속입니다. 요즘 많은 젊은이들의 사랑은 어떠합니까? 희생이나 헌신은 사전 속에서나 찾아볼 옛말이 되어버린 지 오래입니다. 그런데 이 두 나무는 존재 그 자체만으로도 무언의 설법을 보여주고 있습니다.

사랑은 입으로만 떠벌리는 공치사가 아닙니다. 또 세상의 행복은 그냥 주어지는 것이 아니라 밑동이 찢기는 아픔을 감내하며 헌신할 때 오랜 세월을 저렇듯 함께 할 수 있는 것입니다. 둘이 하나 됨은 언제 보아도 아름답습니다. 그리고 단단합니다. 그 무엇도 침범치 못할 위엄이 있습니다. 그렇기에 나는 이름도 설명도 없는 이 나무를 우리나라의 연리지목(連理枝木)이라 부릅니다. 사랑과 약속을 귀하게 여기는 사람들에게 연리지목이 주는 생생한 설법 앞에 서 보라고 권하고 싶습니다.

자비는
어머니의 마음

어느 날 저녁, 어린 딸아이가 부엌으로 들어와서 저녁 준비를 하고 있는 엄마에게 자기가 쓴 글을 내밀었다.

이번 주 내 방 청소한 값 : 2000원, 가게에 엄마 심부름 다녀온 값 : 1000원, 엄마가 시장간 사이에 동생 봐준 값 : 3000원, 쓰레기 버린 값 : 1000원, 아빠 구두 4켤레 닦은 값 : 4000원, 마당청소 값 : 2000원 / 모두 합쳐 13000원

엄마는 기대에 부풀어 있는 딸아이의 얼굴을 쳐다봤다. 잠시 후 엄마는 연필을 가져와 딸아이가 쓴 종이 뒷면에 이렇게 적었다.

너를 내 뱃속에 열 달 동안 데리고 다닌 값 : 무료!, 네가 아플 때 밤새 간호하고 널 위해 기도한 값 : 무료!, 널 키우며 지금까지 여러 해 동안 힘들어 하고 눈물 흘린 값 : 무료!, 장난감, 음식, 옷 그리고 네 코 풀어준 값 : 무료!, 너에 대한 내 사랑의 정까지 모두~ 무료!!!

딸아이는 엄마가 쓴 글을 다 읽고 나더니 갑자기 눈물을 뚝뚝 흘리며 엄마에게 말했다, "엄마 사랑해요!" 그러더니 딸아이는 연필을 들어 큰 글씨로 이렇게 썼다.
"전부 다 지불되었음!"

어떻습니까? 우리는 햇빛도 무료, 공기도 무료, 사계절도 무료, 단비도 무료, 새들도 무료, 꽃도 무료 그리고 온 누리 삼라만상을 무료로 누리고 삽니다. 대부분의 부모는 자식에게 아무리 줘도 아까워하지 않고 어떠한 대가도 바라지 않지만 자식들은 부모에게 대가를 요구합니다. 물이 위에서 아래로 흐르는 것은 당연한 것처럼 생각하며, 아래에서 위로 흐르는 것은 순리에 어긋나는 것으로 생각하는 것입니다.

부모에게 손 내미는 것은 떳떳하고 당연하나 자식에게 손 내미는 것은 부끄러워해야 하는 세상입니다. 효자와 불효자는 부모가 만든다는 말이 있습니다. 손 내미는 대로 들어주다보면 과보호가 되고, 이 과보호는 결국 불효자를 만든다고 합니다. 참으로 부모 노릇하기 어려운 세상입니다.

간탐어물(慳貪於物)은 시마권속(是魔眷屬)이요
자비보시(慈悲布施)는 시법왕자(是法王子)니라

물질을 아끼고 탐하는 것은 곧 마구니의 권속이요,
사랑하고 불쌍히 여겨 베푸는 것은 바로 법왕의 제자니라.
— 원효스님 〈발심수행장〉

불교를 자비의 종교라고 합니다. 자비는 불교 용어지만 성경을 번역하면서 구약과 신약을 합쳐 자비는 무려 245번이나 나옵니다. 성경에서 말하는 자비와 불교의 자비는 언뜻 보면 같은 것처럼 보이지만 질적으로 매우 다릅니다.

성경에서는 자비를 어머니의 자궁이라고 했습니다. 다시 말하면 어머님의 마음입니다. 어머님의 사랑은 조건이 없습니다. 어머니는 무소유, 무조건, 내리사랑입니다. 어머니의 마음을 관세음보살에 비유합니다. 대자대비한 관세음보살이 중생을 향한 사랑은 바로 어머니의 마음입니다.

자비에 관해 원효스님께서는 이렇게 말씀을 하셨습니다.

"간탐어물(慳貪於物)은 시마권속(是魔眷屬)이라." 물질을 아끼고 탐하는 것은 곧 마구니의 권속이라는 것입니다. 여기서 말하는 마귀의 마음은 바로 자식의 마음을 일컫는 것입니다. 자식들은 늘 자기중심적으로만 생각합니다.

사랑에는 두 가지가 있습니다. 첫째, 애(愛)는 자기중심적으로 생각합니다. 물질이나 사람을 소유하고 또 유지하고자 하는 집착을 나타냅니다. '애(愛)' 자 옆에는 항상 붙을 '착(着)' 자가 붙습니다. 애착(愛着)은 곧 착심입니다. 둘째, 자(慈)는 그냥 주는 마음입니다. 그 곁에는 항상 '비(悲)' 자가 있습니다.

불자들은 항상 자와 비의 마음을 가져야 합니다. 그래야 종교인이라고 할 수 있고 부처님의 말씀을 실천하는 사람이라고 할 수 있습니다. '비(悲)'라고 하는 것은 오욕에 대한 애착을 의미합니다. 여기서 오욕은 재물욕(財物慾) · 명예욕(名譽慾) · 식욕(食慾) · 수면욕(睡眠慾) · 색욕(色慾)을 이릅니다. 자신이 즐기고, 필요에 의해서 오랫동안 유지하고자 하는 것에 대한 상실에서 오는 고통은 대단합니다.

그런데 '비심(悲心)'은 남의 고통을 덜어주는 마음, 즉 남을 괴롭히지 않는 마음입니다. 연민의 마음이 크면 클수록 '자(慈)'도 커집니다. 상대방의 고통을 덜어주고 기쁨을 주는 것, 즉 발고여락(拔苦與樂)이 부처님의 마음인 것입니다. 발고(拔苦)는 '비(悲)'를, 여락(與樂)은 '자(慈)'를 의미합니다. 자와 비를 갖춘 사람이라야 '참 불자'라고 할 수 있는 것입니다.

모든 것은
마음에서 비롯

 1970년대 새마을 운동이 한창일 때 우리 국민들의 새벽을 여는 소리는 '새벽 종이 울렸네~'로 시작하는 새마을 노래였습니다. 새벽을 깨우는 청소차로부터 시작된 이 노래는 시간에 맞춰 관공서, 학교 등지에서 동시에 울려 퍼졌습니다. 또 '잘 살아보세'라는 노래와 함께 우리 국민들은 새마을을 만들기 위해 초가집도 없애고 마을길도 넓히며 푸른 동산을 알뜰살뜰 가꾸었습니다.

그 노래 덕분이었을까요? 오늘날 우리는 선진국 대열의 문턱에서 그 노랫말처럼 잘 사는 복을 누리고 있고, 언제부터인가 새마을 노래는 슬그머니 자취를 감추었습니다.

또 이 시대에 꿈을 안고 상경했던 한 대중가수가 있었습니다. 그가 처음 서울에 올라와 무명 시절을 극복하고 부른 노래는 '쨍 하고 해뜰 날'이었습니다. 이 노래로 그는 하루아침에 스타의 반열에 오르게 되었습니다. 한참 인기를 누렸던 그는 무슨 이유인지 미국으로 건너갔고, 그 후 고생을 하며 사업을 하다가 다시 한국으로 돌아왔습니다. 그리고는 '지금은 혼자랍니다'라는 노래로 인기를 회복하게 되었습니다. 그런데 그는 노랫말처럼 수년 동안 미국의 가족들과 떨어져 혼자 지내야만 했다고 합니다.

오래 전 한 가요 평론가는 '우리나라 가수와 그가 부른 노래와의 상관관계 연구'라는 제목으로 석사논문을 썼는데 그는 이 논문에서 우리나라 가수들이 이상하게도 그들이 부른 노랫말과 같이 자신의 운명이 전개되었다는 사실을 밝혔습니다.

불교의 유식설(唯識說)에는 제8아뢰야식(阿賴耶識)이 나옵니다. 이 식(識)은 종자식(種子識) 또는 함장식(含藏識)이라고도 하는데, 우리 인간이 살아가면서 짓는 신구의(身口意) 삼업이 걸러져서 모두 이 속에 내포되어 있다고 합니다.

이 8식은 하나의 씨앗처럼 인간 내면 깊숙한 잠재의식 속에 남아서 윤회하는 다음 생을 결정짓는 작용을 하며, 현실에서는 우리의 행동과 삶을 이끌어가는 근본적인 주인 역할을 하고 있다는 것입니다. 즉 우리가 평소에 어떤 생각과 마음가짐을 가지고, 마음씨와 말

씨를 어떻게 묻어놓았느냐에 따라 그 과보가 달라진다는 것입니다. 그러면서 우리의 운명 또한 다르게 전개된다는 것입니다.

이를 달리 말하면 우리가 평소에 쓰는 말과 행동이 향기로울 때 그 열매 또한 향기롭다는 뜻이요, 사랑이 넘치는 말과 생각에는 사랑에 찬 열매가 맺히며, 질투와 미움으로 가득 차면 그 결과 또한 그렇게 된다는 말입니다.

하지만 요즘 우리 주변을 돌아보면 남을 살리고 즐겁게 하는 향기로운 말보다는 거짓말과 이간질하는 말, 그리고 상대방을 험담하는 말들이 난무해 우리를 슬프게 합니다. 오늘 만나는 인연들에게 험악한 욕설이나 비수가 서린 말로 아픔을 주지는 않았는지 살펴볼 일입니다. 우리가 쓰는 말 한 마디가 복이 되든지 아니면 화가 되든지 그것을 부르는 초청장이 됩니다. 그래서 마음은 그에 대한 신용장이 된다는 사실을 깨달아야 합니다. 성 안내는 그 얼굴이 참다운 공양이요, 부드러운 말 한 마디 또한 미묘한 향입니다.

그대도 나처럼
행복하기를

중국 춘추시대 거문고의 달인 백아(伯牙)에게는 종자기(鍾子期)라는 친구가 있었습니다. 종자는 백아의 거문고 소리를 누구보다 잘 이해하고 감상해주었다고 합니다. 하루는 백아가 거문고를 타며 높은 산을 오르는 생각을 하자 종자기가 말했습니다.

"훌륭해! 높이가 마치 태산 같군!"

다음에는 흐르는 물을 생각하며 거문고를 연주했습니다.

"훌륭해! 넘칠 듯 흘러가는 것이 황하 같군!"

이처럼 종자기는 백아의 마음을 속속들이 읽어냈습니다. 그런데 어느날 친구 종자기가 병으로 세상을 떠나게 되자 백아는 절망한 나머지 거문고의 줄을 끊고 다시는 연주하지 않았다고 합니다.

'지음(知音)'이란 바로 여기에서 유래된 말로서 지기(知己)를 가리키는 고사입니다. 남자는 자기를 알아주는 사람을 위해 목숨을 바친다고 합니다. 한평생 살아가면서 진정 자기를 알아주는 한 사람을 갖는다는 것이 그만큼 어렵다는 것이며, 내가 남을 알아주는 것 또한 쉽지 않은 일입니다.

인도의 유명한 타지마할은 무굴제국의 샤자 한 황제가 자신의 두 번째 아내인 무무타즈마할을 위해 그녀가 죽은 후 무려 22년 동안 매일 2만여 명을 동원해 이룩한 불가사의한 무덤입니다.

첫째와 셋째 왕비에 비해 그리 수려한 외모를 지니지도 못했던 무무타즈마할을 위해 샤자한 황제는 어찌하여 그토록 국력을 낭비해 가면서 화려한 무덤을 만들었을까요? 그것은 무무타즈마할이 샤자한 황제의 의중을 자신의 마음처럼 읽어 입 속의 혀처럼 편안하게 그를 보좌했기 때문인 것으로 알려졌습니다. 한 사람의 지음은 이처럼 불가사의를 창출해 내는 힘을 발휘하게 됩니다.

선가(禪家)에는 '줄탁동시(啐啄同時)'라는 화두가 있습니다. 병아리가 부화할 때 건강한 수정란이 때가 되어 밖으로 나가려고 안쪽에서 부리로 신호를 보내는 것을 '줄'이라 고 합니다. 그리고 어미닭이 그 소리를 듣고 밖에서 쪼아주는 것을 '탁'이라고 합니다. 이것이 동시에 일치했을 때 한 마리의 소중한 생명체가 탄생하는 것입니다. 그러나 건강한 수정란이라야 어미 닭이 품어주지, 부화하지 못할 것 같은 무정란은 어미닭이 결코 품어 주지 않습니다.

부자지간, 사제지간, 부부지간, 상하 관계도 마찬가지입니다. 우선, 서로 건강해야 품어줄 수 있는 자격을 갖추는 것입니다. 그리고 상대방의 마음을 읽고, 시기적으로 적절한 조화를 이뤄야만 함께 행복할 수 있는 것입니다. 우리 모두 서로에게 지음이 될 때 줄탁동시라는 시절 인연이 여러분 앞에 다가설 것입니다.

그대에게 마지막 5분이 주어진다면

'가고 옴'이 원래 없다고는 하지만 세월이 가는 것은 어찌할 도리가 없습니다. 돌이켜 보면 올 한 해도 얼마 남지 않았습니다. 또 한 해가 넘어간다는 것은 우리의 삶도 그만큼 줄어든다는 얘기입니다. 우리가 상대에게 나이를 물을 때 "춘추(春秋)가 어떻게 되십니까?" 하고 묻습니다. 이것은 인생을 살면서 봄과 가을을 몇 번이나 겪었느냐는 뜻입니다.

우리가 인생을 살면서 여름과 겨울, 그리고 봄과 가을을 몇 번이나 겪겠습니까? 몇 번 겪지 못합니다. 이처럼 우리의 삶이 짧은 것입니다. 그래서 남을 미워하고 다투고 시기할 시간이 없는 것입니다. 밝게 살기에도 시간이 늘 부족하기만 합니다.

　　러시아의 유명한 작가 도스토예스키는 28세에 내란음모죄로 사형선고를 받았습니다. 형장의 기둥에 묶인 채 사형집행을 기다리던 그에게 5분이라는 마지막 시간이 주어졌습니다.

　　그는 주어진 5분 중 마지막 인사에 2분, 살아온 생활과 생각 정리에 2분, 땅과 자연을 둘러보는데 1분을 쓰기로 마음먹었습니다. 그러나 마지막 인사 후 3분 동안 어디로 갈 것인가를 생각하며 시간을 다 쓰고 말았습니다. 그는 비로소 28년 동안 세월을 아끼지 않은 것을 깊이 뉘우쳤습니다.

　　그러나 그는 사형이 집행되기 직전 극적으로 풀려났습니다. 황제의 특사로 석방된 그는 시베리아 유형살이 마지막 5분을 절실히 생각하고 시간을 소중히 쓰게 되었습니다. 그 처절하고 절박했던 5분의 기억이 훗날 〈죄와 벌〉, 〈카라마조프의 형제들〉 등의 명작을 탄생시켰던 것입니다.

　　누군가 인간의 평균 수명을 70세로 보고, 그 삶의 시간표를 정리해 보았습니다. 그랬더니 하루 8시간씩 잠자는 데 23년, 먹는 데 8년, 기다리고 이동하는 데 6년, TV 시청하는 데 3년, 가사일 5년, 물건 찾는 데 1년, 기타 활동을 하는 데 24년을 보낸다고 분석했습니다. 그러니 평균 수명 70세를 모두 채운다고 해도 이것저것 제외하면, 우리의 삶은 불과 24년뿐인 것입니다.

　　이 얼마나 짧은 생애입니까? 그래서 삶이란 춘상효로(春霜曉露), 봄 서리 아침 이슬과도 같은 것이라고 하는 것입니다. 이를 아는 사람이라면 지금 미워하고 시기하고 다툴 시간이 어디 있겠습니까!

내 생애에서 가장 행복한 날은 언제인가, 바로 오늘이다.
내 삶에서 가장 절정의 날은 언제인가, 바로 오늘이다.
내 생에서 가장 귀중한 순간은 언제인가, 바로 지금 이 순간이다.
어제는 지나간 오늘이요, 내일은 다가오는 오늘이다.
그러므로 오늘, 지금 이 순간을 삶의 전부로 느끼며 전심전력 살아야
된다.

— 〈벽암록〉

해인사 법보전의 주련에는 다음과 같은 글귀가 이목을 끕니다.

원각도량하처 (圓覺道場何處) 현금생사즉시 (現今生死即是)
행복은 어디에 있는가? 숨 쉬고 있는 지금 바로 이 자리!

지금 내가 숨 쉬고 있는 이 순간순간이 곧 내 삶의 모든 것입니다. 숨 한 번 들이쉬었다 내뱉지 못하면 즉시 내생(來生)입니다. 임제 선사의 경책처럼 급하고 급하느니 숨 쉬고 있는 지금 이 자리에 그대 모든 것을 바치도록 하십시오. 그리하면 그대 서 있는 자리가 곧 진리의 땅이 될것입니다.(隨處作主 立處皆眞) 내가 헛되이 보낸 오늘 하루는 어제 죽어간 사람이 그토록 바라던 내일입니다!

진일심춘부득춘 (盡日尋春不得春)

망혜답편롱두운 (芒鞋踏遍隴頭雲)

환래적과매화하 (還來適過梅花下)

춘재지두이십분 (春在枝頭已十分)

온 종일 봄을 찾았으나 봄은 얻지 못하고

짚신 끌고 언덕 위의 구름 속을 서성이네.

돌아오다 마침 매화 밑을 지나니

머리 위 매화가지에 이미 봄빛이 완연하네.

— 오도송(悟道頌)

중국 당나라 때 비구니가 지은 오도송(悟道頌)의 한 구절입니다.

송(宋)나라 때 나대경(羅大經)이 지은 〈학림옥로(鶴林玉露)〉에 이 오도
송이 수록되어 있습니다. 이 내용을 좀더 간결하게 번역한 시를 보면
이렇게 표현했습니다.

봄이라 봄을 찾아 봄이 보고파
만산을 헤매다 짚신만 낡고
집에 와 매화를 보니
봄이 빙긋 웃더라

봄을 맞아 어떤 사람이 봄이 어디에 있는가 하며 봄을 찾고자 먼 산을 헤매었습니다. 신발만 다 닳고 집에 와 매화를 보니 봄이 빙긋 웃더라는 이야기입니다. 봄은 바로 뜰 앞의 매화나무에 있었거늘 괜스레 신발이 다 닳도록 밖으로 나돈 것입니다.

행복이라는 것은 바로 자기 안에 있는데 바깥에서 찾고 있는 것입니다. 그래서 자성불, 즉 자기 자신을 돌이켜봐야 된다는 것이고, 행복은 절대로 멀리 있는 게 아니라는 것입니다. 자기 안에 다 가지고 있는데도 사람들이 그것을 발견하지 못할 뿐입니다. 그러면서 우

리는 뜬구름을 잡으려고 노력을 많이 합니다.

그것을 잘 표현한 것이 소동파의 '여산연우절강조'입니다.

여산은 강서성 남강부에 있는 유명한 절경입니다. 우리나라 사람들이 금강산을 한 번 가보고 싶어 하듯 중국 사람들은 여산을 가보는 것이 소원이라고 합니다. 길게 펼쳐지는 아름다운 절강의 물결이 무척 아름답다고 합니다.

여산연우절강조 (廬山煙雨浙江潮)
미도천반한불소 (未到千般恨不消)
도득환래별무사 (到得還來別無事)
여산연우절강조 (廬山煙雨浙江潮)

여산의 실안개비 절강의 물결이여
와 보지 못했을 땐 온갖 한이 남더니만
와서 보고 나니 별것 없고서
여산의 실안개비 절강의 물결일 뿐이네.

　　　　　　　　— 소동파(蘇東坡) 〈여산연우절강조(廬山煙雨浙江潮)〉

여산은 중국 강서성 남강부에 있는 유명한 산으로 동진 시대부터 불교와 깊은 관계를 맺고 있던 지역입니다. 동림사와 서림사를 비롯해 70여 개의 사찰이 있어 강남불교의 중심지가 되었던 곳입니다. 수려한 산봉우리와 산세의 경치가 아름답기로 유명해 역대의 문인

및 명사들이 이곳을 찾아 글을 짓거나 그림을 그렸다고 합니다.

소동파가 지은 이 시는 여산의 안개비 내리는 풍경과 절강의 물을 읊은 시인데 오도송이라 할 만큼 품격 높은 선시로 평가를 받고 있습니다. 선을 참구하여 체험한 도의 경지를 비유적으로 표현했습니다. 가보고 싶어 할 때는 가보지 못한 것을 탄식했는데 막상 보고 나니 별것 아니더라는 내용입니다.

우리가 살면서 외국에 가보고 싶다, 진급을 하고 싶다, 큰 집을 갖고 싶다는 등 큰 기대를 하고 소원을 합니다. 더 큰 뜻을 이루고 더 많이 갖는 것이 행복이라고 생각하기 때문입니다. 하지만 그것에 지나친 집착은 하지 말라고 이야기합니다. 즉, 그 자리에 가보면 별것 아니다, 라는 말입니다. 사실 별거 아닌 것에 우리는 속고 있는 것입니다. 종교도 마찬가지입니다.

오유지족(吾唯知足)이라! 부족함을 채우려고 구하는 것은 불행의 시작이라고 했습니다. 만족함을 누릴 때 우리는 행복할 수 있습니다. 기대가 크면 실망이 큰 법입니다. 그러므로 기대를 낮추면 만족감이 커지게 되어 있습니다. 내 기대를 낮추면 내 만족감도 커지는 것이기에 내 행복은 내가 조절할 수 있습니다. 세상 탓만 하지 말고 진정 나를 사랑한다면 자신을 행복하도록 만들어야 합니다. 그리고 그 행복은 바로 내가 만들어 가는 것입니다.

부질없는 욕심에 눈이 어두워 인생을 허비하는 것보다 스스로

가진 것에 만족하고 누리는 사람은 행복합니다. 하루하루 이 순간을
잘 사는 사람이야말로 인생을 잘 사는 사람입니다. 이렇게 눈 뜬 사
람은 여산의 안개비는 안개비일 뿐이고, 절강의 물결은 그저 물결일
뿐이라고 생각합니다. 그저 그 뿐! 삶은 그 자리에서 눈을 뜰 때 행
복도 그 곳에 함께 있습니다.

서림미담

책 속에 담은 향기롭고
소중한 말씀

1판 1쇄 인쇄 | 2013년 11월 5일
1판 1쇄 발행 | 2013년 11월 10일

지은이 | 남장

펴낸이 | 이명옥
펴낸곳 | 도서출판 사유수
만든이 | 이미현, 신동소

서울시 마포구 서교동 393-5 화승리버스텔 1005호
대표전화 | 02-336-8910

등록번호 | 2007-3-4
ISBN 978-89-960898-9-6 03220